借土養命

從雲南到金三角，
從毒品到永續農業，
一個泰北華人社區的民族誌

黃樹民 著

目次

導論

戴著神祕面紗的金三角

本書描述一群雲南華人武裝流亡者和他們的家屬、隨從，在東南亞流蕩、安居的故事。

過去半個多世紀以來，這些手拿武器的流散人群，從中國雲南出發，一路經過緬甸東北角和寮國西北角，最後移居泰國北部山區，打造出一套特殊的農業生計方式。他們推動山地農業的發展，不但在金三角引進新興經濟作物如荔枝、柑橘、芒果的生產和銷售，也掌握東亞日常餐桌上迴轉壽司的薑片。這些峰迴路轉的流亡故事，不只涉及這些雲南華人離散人群的過往，以及他們如何在泰北艱苦奮鬥開拓新生活，也包括其他相關議題。例如：他們在泰北開展的根除鴉片措施、文化再造與跨國移動，如何影響他們致力於維護傳統中華文化的夢想與幻滅？他們所發展出來的山地農業模式是否可行或具永續性？這套農業生計模式對於當地的生態環境有何影響？是否可轉授給東南亞其他飽受貧困之苦的山地少數民族，如苗、瑤、傈僳、甲良等，以改善他們的生活？總之，這本民族誌涵蓋的內容，兼具描述、分析、理論討論，以及政策思考。

本書所描寫的泰北華人離散族群，源自於中國西南的雲南省。這群人大部分屬於國共內戰中國民政府的附屬地方部隊、自衛隊及其家眷、隨從。一九四九至一九五〇年間，當勢不可擋的中共解放軍席捲中國大陸且遍及西南地區時，這群潰敗的雲南人陸續撤退至位於緬甸、寮國和泰國邊界的「金三角」地區。他們之所以毅然放棄家園，離開中國，主要是受到當時國民政府所宣揚的民族主義影響，認為共產主義是從西方引進的邪惡政治思想，意圖摧毀傳統中華文化，尤其是蔣介石所尊崇的正統儒家思想。

這群雲南人以傳統中華文化的維護者自許，在中國西南地區忍受種種嚴酷的生存條件，與中共進行軍事對抗。戰敗之後，他們不得已放棄祖先的家園，帶著家小、鄉里故舊，先流落到緬甸東北的撣邦和寮國西北的山區，其後又避居泰北的熱帶叢林，在惡劣的條件下繼續艱困地生活。他們憑著強烈的反共信念、維護傳統文化的理想，經歷極大苦難才得以勉強倖存。這種看似具備崇高道德內涵的信念，卻也引誘他們在艱困無助的生存壓力下，投入違反尋常道德規範的非法活動，包括種植鴉片、生產海洛因、參與國際毒品走私交易。在反共與生存之名下，生產與販賣毒品在此雲南社群中獲得必要性與正當性。由於這群武裝雲南人原本即為服從地方領袖的軍隊，習於吃苦作戰，他們很快就成為金三角地區組織性販毒的重要骨幹。

這群人由雲南遷移到泰北的漫長歷程備極艱辛。一九四九年後，他們先跨越雲

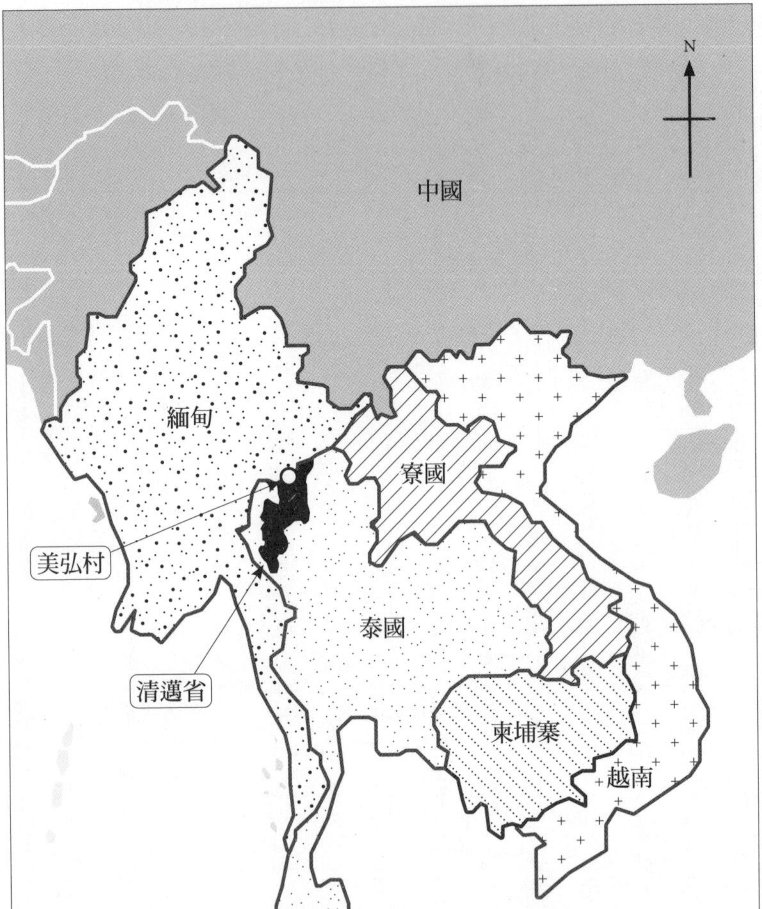

圖 0.1　美弘村位置圖

南邊境來到緬甸東北部和寮國西北部的金三角地區，在這個三不管地帶稍作整頓後，便積極籌劃反攻雲南的準備。但是，在中共和緬甸軍隊的雙重夾擊下，他們再度被迫從緬甸、寮國逐漸移往泰北。由於緬甸政府在聯合國控訴中華民國政府軍隊入侵，於是在一九五三與一九六一年，在臺灣重新立足的中華民國政府兩度將其滯留在緬甸的大部分軍隊，移居臺灣安置。一九六〇年代初期，緬甸殘存的國民政府地方部隊和他們的隨附人群，繼續南移，進入泰國北部山區，終於長留該地，在此建立數個定居式的流亡聚落。其後，這群流亡部隊因為協助泰國軍隊消滅泰北地區的苗共組織，而獲得合法居留當地的喘息空間，一九八一年甚至獲得官方許可，正式成為泰國公民，得以永久居住在這個國家。從開始流亡到成為泰國新公民，歷時三十餘年。

擁有泰國的公民身分後，這群雲南人開始改變過去依賴種植鴉片、販毒走私以維生的生計方式，逐漸打造出一套特有的山地農作模式。他們在山區建立果園，種植熱帶水果、試驗果樹品種，並將農產品銷售到國內、外市場，為泰北地區帶來一定程度的繁榮。本地雲南離散人群的社區看來都有修剪整齊的果園、色彩鮮豔裝修整潔的房子，還有備貨充足的雜貨店。他們逐漸擺脫過去製毒和販毒的昭彰惡名。

表面上，這種山地農作生計方式看似完善可行。不過，他們意圖重建自我族群認同和保存傳統中華文化的作為，卻衍生出若干問題。例如，他們在經濟上相當自足，對生態環境也相對友善，但在社會文化上是否也能成功地自我繁衍，世代傳遞？他們發展出這一套生計模式的成功或失敗，是否與傳統中華文化的實作與理想，有具體的關連？

我對泰北華人山地農業生計的永續問題感到興趣，主要源自於學術界對於科技或環保的山地農業是否可行的爭議。實際上，泰北雲南華人所建立的這套山地農作制度，看似成功找出適合當地生態環境、可以替代鴉片的種植物，以及減少環境破壞的農耕做法。這套生計模式，似乎給金三角地區其他想脫離貧窮和毒品雙重禍害的山地農民，樹立起一個可行的典範，證明成功的山地農作不一定需要將森林砍伐殆盡，或破壞地表土壤等傷害環境的方式才能達成。而且，對於農民來說，這套山地果樹栽植模式也能產生適當的利潤。換言之，這樣的一套生計典範，應該受到在金三角從事反毒和扶貧的泰國政府或國際機構正視才對。

然而，這群雲南華人所建立的農業生計方式，並非全無缺失。

我會在後面的章節說明，這些雲南離散人群建立的山地農業生活方式，之所以具有內在自相矛盾的優點與缺點，源自他們根深蒂固的文化傳統。一方面，他們從傳統文化中取得推展這種農業生計所必要的社會與文化資本，諸如山區水土保持知識、適當使用肥料和作物輪作、貨幣及信貸使用、鬆土和果樹接枝技術、農場組織管理、市場運輸資訊、華人社會網絡等，足以幫助他們處理此套農業生計所面臨的實際問題。然而同時，也正是這套他們致力於維護和複製的傳統華人文化理念，讓他們的社群內輩分階層關係森嚴，缺乏彈性，壓縮自我個性與興趣的發展。這都導致那些在泰國成長、接受泰文化較為寬鬆和多元人生觀的年輕人，難以接受這套制式的生活方式，這便是我在此書中稱之為「文化僵化」的過程。

我所說的文化僵化是指：「當某些主流文化理念或規範變成神聖不可侵犯、不容質疑、挑戰或改變時，亦即對文化表面形式與規範的重視，更勝於對文化的本質或意義的理解時，在此情況下所產生的負面情緒，就變成扼殺群體內的創造性和改革能力。」在中國歷史中，如英國史學家伊懋可（Mark Elvin）所提出著名的「高層次的平衡陷阱」，即指出某種文化僵化，是阻止中國在十四、十五世紀進入工業革命的主因，這無疑是歷史的前車之鑑。[1] 在泰北雲南華人的群體中，這種缺乏彈性的僵化做法，讓年輕世代對傳統中華文化退避三舍。但是，第一代離散雲南人仍堅持其正統性和正當性，自詡為文化詮釋權威。這樣的對立，阻止了世代間的良性溝通，並惡化為持續不斷的世代衝突與社群分裂，為這群離散人群的永續發展前景蒙上陰影。

不過，泰北金三角地區山地開發問題的複雜性，不僅是雲南華人本身世代交替的適應不良問題，其他的外在因素也投下不少變數。例如，鄰國緬甸內部長期的內戰，使得緬甸東北部撣邦地區山地農民不停地越境逃到泰北。從雲南華人的角度來看，非法入境難民為他們提供缺乏合法身分保障的廉價勞工，提高農場操作的利基。但緬甸內戰的緩和，則直接減少了這種勞動力的來源。在泰北雲南村落華人子弟大量離開後，人力短缺的限制，農場營運是否能延續就會直接受影響。此外，進入二十一世紀後，泰國這個民族國家的政治發展，在邊區推動直接行政管理，改變以往類似中國邊區的土司間接管理制度，也使得泰北山區華人農民在間接管理制之下所取得的使用山坡地的合法性，此時受到泰國國內法禁用山坡地的挑戰。另外，臺灣和中國在社會、政治和經濟條件上的不斷轉變、消長，也讓這群雲南華人的民族精神和文化認同的源頭，出現今非昔比的困惑。最後，全球政治經濟的大局面改變，也影響深遠。冷戰期間，金三角是全球主要的鴉片和海洛因生產基地，並受美國情報單位的隱性支持。但在「九一一事件」之後，因為美國及其盟國極力提升反恐活動，在阿富汗開闢反恐戰場，使得鴉片生產的重心從緬甸東北部轉移到飽受戰火摧殘的阿富汗。金三角地區已不再是鴉片生產和販毒活動的重心。

泰北金三角的雲南華人社群研究，具備多層次的歷史與理論意涵。在本書中我深入討論三個問題：（一）本地雲南華人發展出來的山地農業生產系統，對當地生態環境造成何種短期與長期影響？（二）他們維護中華文化和民族認同的作為，在其農業生態適應的過程中具有何種實作意義？以及（三）離散人群多重認同的變遷，在當前全球化浪潮中有何意義？

為了執行這個研究計畫，我組織了一個多學科（人類學、地理學、土壤學、影視學等）和跨國（美國、泰國和中國）的研究團隊，並獲得美國溫納—格倫基金會（Wenner-Gren Foundation）二〇〇二—二〇〇三和二〇〇四—二〇〇五年度的國際研究合作計畫資助，以及美國愛荷華州立大學橋梁基金（Bridge Fund）的獎助支持（二〇〇三—二〇〇四）。從二〇〇二年底到二〇〇五年的夏天，這個研究團隊在資料蒐集上採用質量兼具的研究方法，在泰國清邁省美弘村進行實地考察。我們所採用的多樣性、跨學科的方法，有助於我完成這個理論與實踐並重的研究計畫。

有關雲南華人離散人群在東南亞的學術研究，在本計畫之前僅見極為有限的田野調查報告，[2]所以我們面臨最重要的第一步工作，即是系統地蒐集這些人及其日常生活的報導。為能評估他們努力試圖打造的永續發展社區和再造華人離散文化究竟是成功還是失敗，我們必須建立一套基礎資料，並隨著時間推移，衡量其變化。

參與本計畫的六位研究人員以人類學、農學和地理學的研究方法，蒐集各面向相關的資料。我在這項研究中所使用的資料，大部分可說是藉由質性的方法所獲得，包括：詳細記錄村民的耕作方式（包括山地農作技術、水果生產加工、勞動力管理和市場營銷）、重大社會事件，以及日常社會生活方面，如婚喪喜慶、節日等。此外，我也透過訪談報導人，調查村民如何經營自己的山地農場、銷售農產品、選擇未來的配偶、安排子女教育等。在可能的情形下，我會盡量參與他們的日常生活儀式。

以下我先簡短描述泰北金三角的概況，再討論國民政府軍隊離開中國雲南進入泰北區域後的組織特徵，以及美弘村的發展軌跡。

金三角的多元族群與農業多樣性

金三角地區跨越泰國、緬甸和寮國的邊界，大小範圍約二十萬平方公里，地形特徵複雜，包括急湍河流、崎嶇山地、低窪盆地和溼熱河谷。[3] 支離破碎的地景涵蓋豐富的族群與生物多樣性，構成像是階梯式的人類生存適應型態（或稱垂直族群分布的結構）。最低處是泰人和撣族，他們居住在低窪盆地，種植水稻維持生計。居住在他們之上的甲良人，從事定居的水稻梯田耕作。沿著這種垂直山坡地理分布，再往上就是傈僳族、佤族、苗族和瑤族，他們分布在山腰地帶，種植大米、山藥、玉米和番薯等季節性作物，運用簡單的農業技術，維持中期的休耕循環，收穫穩定。他們居住在一千公尺以上較高山區，一則得以減少蚊蠅侵擾，二則適宜鴉片生長。從歷史角度來看，這也是何以這些族群選擇住在高海拔的主要因素。繼續往上，更高山頭裡住的是採行刀耕火種農作方式的阿卡族和拉祜族，依靠狩獵和採集來補充農作的不足，他們使用相對簡單的農作技術，種植高地旱稻和其他糧食作物。[4]

然而，政府與農民的想法不同調。

位於泰國境內北部的金三角地帶，涵蓋清邁、清萊、美宏頌三省的部分區域，面積約十二萬八四八〇平方公里，八成以上為山地。除了泰人、撣人和甲良人的水稻梯田外，泰國皇家林業部認為其他形式的刀耕火種都是粗放的游耕生活，這些山地農作的耕作方式對環境不利。[5] 然而，泰北地區人口不斷增長，這些山地族群又缺乏低窪地區的替代生計，面臨土地不足的農民便將傳統山區五至十年的休耕期，縮短為一至二年的休耕期，有些甚至廢除休耕，以利持續密集耕作。[6] 對一些山地部落而言，農業生產力下降造成的貧窮困境，若能以種植罌粟此經濟作物來補充糧食作物的不足，便是相當具有吸引力的農業轉型。[7]

但對泰國官方而言，為了對抗貧窮、森林濫伐、環境惡化和鴉片生產，不少泰國國內與國際機構都在這裡設立農業實驗站，並推廣農業服務，希望找到對環境友善並被當地人民接受的鴉片替代作物。[8] 他們引進的新作物包括小麥、蕎麥、大麥、大豆、白菜、辣椒和馬鈴薯等，還有得以防止水土流失的草籬（又稱為「國王的草」，因為由泰國王室家族贊助的計畫批准引入而得名），這些都成為新興的經濟作物。然而，儘管這些投資實驗大多都取得了一些成績，本地貧困和環境惡化的雙重問題仍然頑強存在。[9] 離散的雲南華人也是在這種力求生存的情況下，曾經投入鴉片的生產與交易。

泰國北部的雲南華人

這些離散人群既然在一九八〇年代已獲得泰國公民身分，我為何仍稱這些人為雲南人或雲南華人？這便涉及到我的主要分析與論點，即他們的文化認同在本書中的重要性。

在泰國北部，雲南華人早已憑藉其經濟實力引人矚目，尤其是歷史上的穆斯林馬幫商人，他們在泰國、寮國、緬甸與西藏從事跨境貿易，富有盛名。[10]由於早年各國在此一區域的監管向來頗為鬆散，邊境巡邏稀疏不定，讓這些邊界地帶成為龍蛇雜處的交通匯流之道，族群與貿易往來頻繁。人們可以輕易地穿梭無人看守的國境，有時甚至只要涉水跨過一道小溪、翻過一處山脊，或穿越街巷從一家到另一家，甚至從家戶的前門走到後門，就進入了另一個國家。[11]

泰北的泰人和其他山地部落稱雲南華人為「霍」（Ho）、「皓」（Haw）、「清霍」（Chin Ho）或「清皓」（Chin Haw）。這些名詞的具體意義是什麼，並無定論。[12]不過由於這些名稱用語和雲南穆斯林馬幫商人有密切關連，我認為以之來稱呼本書中這群一九六〇年之後才在泰北定居的國民黨部隊，並不恰當。[13]為了清楚區別，在本書中，我使用「雲南人」、「雲南華人」或「雲南離散人群」等名稱來稱呼他們，而不使用當地的通稱用語如「霍」、「皓」等，以免時空與人群混淆。

有兩本在中文世界廣為流傳的非虛構書籍，與一九四九年後國民黨部隊從中國撤退、定居金三角的故事有關。一本是一九六一年由臺灣著名異議作家柏楊撰寫的《異域》。另一本則是二〇〇〇年出版，由中國著名調查報導記者鄧賢所著的《流浪金三角》。這兩本書在世界各地的華人社群廣受歡迎，不僅是因為其寫作出色，故事更是吸引人，生動地描繪一群中國人如何躲過毀滅性的內戰，經歷金三角惡劣的叢林生活而倖存，最終在金三角這個充滿異國風情的土地上，建立新的生活方式。[14]

按照時間順序來看，這兩本書涵蓋緊密接連發生的一連串歷史事件。例如，柏楊聚焦於國共內戰最後數年（約一九四五至一九四九年），雲南的國民政府第八軍被共產黨軍隊打敗而退出中國。一九四九至一九六〇年初，這群國民黨部隊的少數倖存者，在李彌將軍的指揮下，進入金三角，建立境外基地。他們在此號召雲南邊區的原國民政府地方自衛隊參加反共陣營，並聯合緬甸東北部的撣邦，發展成為一支強大軍隊。柏楊詳細敘述國民政府士兵和軍官們的英勇事蹟，及其所面臨的艱困條件，更描寫這群軍人在金三角這片未開發的土地上，為了基本生存而奮鬥。同時，柏楊雖未明說，書中卻暗示，在這群武裝難民中，高階軍官也參與製毒及販毒的活動。

鄧賢的《流浪金三角》銜接《異域》的敘述線索，描繪國民政府的殘餘部隊如何透過積極參與鴉片的生產和提煉海洛因，加上毒品販運，來確立他們在金三角的地位。書中也描述他們與當地毒梟和緬甸軍交戰的過程。鄧賢詳細探討這些軍隊難民，在冷戰時期的臺灣中華民國政府、新近成立的中共政權，以及反共的泰國政府與美國中央情報局等不同力量之間，在此區域政治競奪上所扮演的微妙角色。一九六〇年代初，這些雲南人被臺灣政府和美國中央情報局同時放棄之後，生存選項所剩無幾，於是他們撤退到泰國北部山區，在那裡建立數個難民社區。

這些國民政府的地方部隊進入泰國北部後，與腐敗的泰國官員合作，輕而易舉地擴展了販毒活動。[15]正如雷納（Ronald Renard）的觀察：「一九六一年後，當國民黨部隊在泰國重整時，李文煥將軍及段希文將軍各自成立第三軍和第五軍，國民黨繼續參與鴉片貿易，同時也加入其他緬甸的商品出口，例如上緬甸邦（Kachin）的優質翡翠等。國民政府部隊強勢擴展勢力，進而主導一九六二年的奈溫政變，之後開始發展新興的緬甸黑市。這使他們得以維持超過三千人的部隊生計。」[16]

以上這些著作都直指國民黨部隊與鴉片的直接關係。然而，前述提及，一九五〇至六〇年代，大部分的國民政府正規部隊已遷居臺灣，為何仍有一批滯留於此、繼續參與鴉片生產與交易？這個問題，先前的研究都未詳究原因，但卻是理解這個區域歷史及本書論點的關鍵問題。簡言之，我們必須理解這個區域複雜的族群特性與認同，及其與相關民族國家的建立與生存。要瞭解這個問題的複雜，並不能單純以「國民政府軍隊」來理解，亦如上述無法以泰北區域對於「華人」的歷史認識，來套用我們對於一九四九年離散的「雲南華人」的理解。因此，對於美弘村的深入研究，有助於我們回答這些問題。

美弘村：一個村落的微觀與巨觀研究

本書所涉及的雲南離散華人，主要以國民政府部隊第三軍為主，他們於一九六〇年代初開始聚居在清邁省的美弘村。為了保障村子和村民的隱私，書中使用的村名與報導人的姓名皆為代名，包括美弘村。除了少數的公眾人物，由於他們的名字先前已在其他的出版著作中出現過，我才沿用他們的真名。

本書在美弘村的田野調查以參與觀察方法為主，並將之放在泰北華人與國族政治的脈絡下，以理解離散人群的歷史由來、認同掙扎、生計選擇、以及全球化下的農業發展與挑戰等重要議題。整本書都攸關美弘村，在此僅先對此村落略作簡介。

美弘村的名字來自東邊緊鄰的一個泰國村落，意即從該泰國村落衍伸出來的分支村落。村子建於泰、緬邊境，沿著崎嶇蜿蜒的山脈而建。這裡位於清邁市北方大約一百四十公里處，原本是當地泰國人與甲良人的邊區貿易驛站，周圍密布原始森林。這個山麓驛站就在水稻梯田之上，是 Fang-Chaiprakarn 盆地邊緣的主要交通樞紐。一九六二年以來，這裡就成為第三軍的主要根據地。

一九六〇年代中，美國歷史學家牟復禮（F. W. Mote）夫婦曾到美弘村訪問。當時該地剛被泰國軍方移交給獲得居留權的第三軍，而泰國人和甲良人則遷出此地。牟復禮報導這個當時擁有六百八十位人口的村落，並預測這群來自中國和緬甸的跨國移民不大可能在此地久留，因此認為村裡的人口將不會增長太多。牟復禮的預期後來證實有誤，因為接下來的數十年間，美弘村不斷迅速擴大，來自飽受戰爭蹂躪的緬甸和政治反覆動盪的中國難民持續遷入，文革期間（一九六六—一九七六）的中國難民尤其多。不過，牟復禮夫婦仍然頗為敏銳地指出，這個村落在農業生產方面已相當成功，擁有運作良好的村政府，以及完善的華文教育。[17] 顯然，一九六〇年代時，美弘村就以其特有文化素質，開始朝向本書所討論的方向發展。

我在美弘村研究期間，全村約有一千一百戶，人口近一萬人。以村莊的規模來看，並不算小；以族群的研究來看，也不算大。這樣一個微觀族群的大村落研究成果，所提供的分析結論，對於理解眼前迫切的社會問題，卻應能提供重要的線索與啟發。從美弘村研究所引伸的意義，不僅可以投射到其他泰北華人社區，也可能對其他地區的民族國家研究，提供比較的意義。社會科學者和政策制訂者在理解與處理類似的社會議題時，美弘村的個案經驗，也許能提供解決某些複雜問題的參考方法。

如何根除鴉片種植，找到替代作物，便是首要之務。在亞洲許多地方，尤其是緬甸東北部，根除罌粟種植的運動大多失敗，原因常歸咎於找不到合適的替代作物。此地的山區農民與外界隔絕，往往拒絕接受替代作物方案，認為新作物的收入太低，或難以外銷。相比之下，泰國北部雲南華人所發展的山地農業，能提供充足的收益，證明了另闢蹊徑的可能性。美弘村的例子值得深思的另一角度，則是他們在一九八〇年代以後，成功地脫離毒品生產與走私。更重要的是，村民並未受到外力強迫才終結罌粟種植，他們是主動自願與毒品的生產、消費與交易切割。其動機與做法值得理解。

我們處理的第二個問題是「民族」的本質，以及如何建立一個多元文化社會，減少群體間的歧視、磨擦、衝突。當前的人類社會尤其嚮往建造理想的社會，擺脫社會分類所帶來的歧視和壓迫，包括在宗教、種族、地域、階級、性別、語言等方面的偏見。但在人類漫長的歷史中，這種烏托邦始終是個未竟理想。多元文化社會的理想，就是要教育現代公民以期培養出超越民族、種族、性別、國界、宗教、語言等界線的廣闊胸懷，同時能欣賞和尊重不同的生活方式。不過，至今這仍只是一個存在於學術論述、可望而難及的目標。而這也是我們在泰北這個實證研究希望能提供部分見解之處。

泰北雲南人從原本的華人離散人群，逐漸過渡為泰國主流社會的公民，過程中還有一些值得深思的議題。首先，是泰國社會的本質。泰國是否真如早期美國人類學者安布里（John Embree）所稱是「一個結構鬆散的社會」，[18] 以最小的衝突，接納不斷湧入的移民群體融入其社會，同時又能保留獨特的文化底蘊和特性？華人在泰國社會的成功適應，往往是透過特定的行業、階級或專業，來完成向上攀移的社會流動。這是否意指華人以犧牲原有的民族認同，來換取高階的泰國社會經濟地位？但這個論點，卻引發更進一步的問題，即所謂「民族」的概念，究竟有何意義？在如泰國這麼一個相對開放和有彈性的多元社會中，「民族」或「民族認同」很重要嗎？同樣的，今日全球化已經成為一股愈來愈引人注目的力量，不斷滲透民族國家的邊界，形塑跨國生活的共有特質。從雲南華人強韌的自我認同和其東道主的泰國社會如何接納他們這些複雜的競合關係，我們可以學到什麼？

本書的第三個問題是「永續發展」的實質意義。雖然許多學者或社會意見領袖都接受「永續」這個概念，並認為這是未來人類社會的最佳實作方向，不過，我們的研究顯示，這個問題比原先預想的要複雜得多。最關鍵的問題圍繞著永續的定義缺乏客觀的測量標準，我們該用什麼尺度來評估某個生態模式是否能持續下去？[19] 一個基於當代人類活動所建構的生態系統，其「生存」的潛力，在全球化發展狀態下的投入與產出，能否被客觀地分析和測量？或者，身處其中的當事人，是否能自覺所作所為，會直接影響人類的未來，並為了實現永續的理想，而提升自我意識？評估一個社會生態系統是否能達成「永續性」，我們還需要做更多的基礎分析，才能瞭解一個地區所發展的特定生產方式，是否能被納入整體社會。

與之相關的問題還包括：我們評估生態環境系統時，是否具有永續性的主觀觀點或立場。在現實生活上，當某個群體提出永續發展計畫時，可能無意間對另一個群體造成負面影響。換言之，當我們從某個分析層面移轉到另一個分析層面時，其意義及影響的分析也隨之變化。於是，研究者若從不同的角度出發，甚至可能得到相反結果。因此，要追究的問題便是：在討論永續發展或相關議題時，我們必須清楚界定分析單位為何。是人類學家田野所在的村落，或農學家分析的地理區域（如流域、盆地、河谷、平原等），或是計量經濟學家蒐集數據的單位（如省分、國家、跨國企業等），還是環保人士關心的整個生物圈（如溫帶落葉林帶、北極凍土帶、印度洋洋流區等）？我們如何解決不同尺度（scale）的考量，包含時間和空間的複雜性。這些都是我們在衡量永續性時必須仔細考慮的關鍵。[20]誠然，我並不奢求能對所有問題提供直接明確或絕對令人滿意的答案，但仍希望本書研究的討論，能為未來的學術討論提供一個有益的比較案例。

這個研究計畫還涉及有關山地耕種、土地所有權，以及泰國山區部落的合法權益等政策層面方面的議題。金三角地區是泰國多數主要河流的發源地。泰國皇家林業部為了保存北部山區的原始森林覆蓋率，以防止洪水造成山地水土流失，已禁止在此地進行刀耕火種的農業，並限制山區部落的遷移。[21]然而，現有的經驗研究指出，限制山區游耕者的居住地，或拒絕承認他們的法律權利，是山地管理上易於產生衝突的兩個重要爆發點，也常出現管理不善的後果，如造成熱帶林區的草原化。[22]雲南華人的山地農耕制度，也許可以視為這些既有衝突政策的一種替代方案。

最後，這個研究計畫對中國研究而言，也應具有比較意義。學者對中華文化與社會的本質和運作原則，大致都已發展出特定的理論和立場。相較之下，美弘村是個有趣的特殊案例。它的特殊之處在於：該村所代表的是一個理想的傳統中華文化，橫向移植到一個宛如文化荒野或截然不同之境的社群。從原來的中國邊區社會文化，遷移至泰國的偏遠叢林裡，企圖重建理想中的正統儒家道德秩序。這個道德秩序具有下列幾個明顯的面向，包括：強調等級層次分明的人際關係，即著名人類學者費孝通所說的「差序格局」；提倡社會高層以仁愛對待下屬，在下者則以忠誠回報；社會關係中的性別權力有利於男性／父親／丈夫，而女性／女兒／妻子則居於弱勢；透過編纂家譜和喪葬禮儀，表現對祖先的尊敬；孝道則強調家庭的結合與傳宗接代的至高無上價值，必須不惜代價來維護。

美弘村對於傳統中華文化的執著，帶給我們的啟發是：在當前全球化的舞臺上，這種生活方式是否能夠滿足生活所需？當愈來愈多的華人投入跨國遷徙的活動時，他們如何面對基於傳統道德秩序的對等權利和義務的改變，重新建立人際關係的階序？當美弘村這個社會文化綜合體，融入泰國這個並不強調親屬組織或多代同堂家庭、且男女相對平等（雖然不是在政治領域）的社會時，我們可以預期泰北雲南華人後代的轉變。

讓我們更進一步深入探索這個問題。近數十年來，中華文化與社會已經在中國大陸、香港、臺灣迅速改變。當美弘村民遇到來自這些地區的華人時，他們會採用何種類型的文化論述呢？這種接觸如何影響他們的中華認同及保存傳統文化的執著？相較於在學術文獻中常被稱為「離散保守主義者」或「不合時宜的人」，如美國的猶太人和韓國人，[23] 或是英國的巴基斯坦人，[24] 難道雲南華人對文化保存的努力，就一定是落伍過時嗎？這些問題，書中將一一詳細探討。

本書架構

為了瞭解我們在美弘村所觀察到的顯著變化，並提供兼具現實和理論意涵的分析，我們的研究團隊結合多元研究方法，進行縱向和橫面的研究，希望為未來的研究計畫提供一種方法典範。

在第一章，我會回顧雲南華人在一九四九年後撤離到泰北的歷史。從他們一開始參與國民政府的反攻大陸計畫，其後轉變為種植鴉片、提煉海洛因，加入國際販毒行列，到最後他們決定放棄毒品，轉向熱帶經濟作物生產，開拓出新面貌的曲折歷程。在此關鍵時刻臺灣政府提供的經濟和技術援助，也扮演了重要的催化作用。

第二章則是深入分析美弘村山地農場的經營策略和農業永續發展模式，討論目前山地農場運作成功的幾個可能因素。例如，這些農業活動與泰北諸多少數族群的聚集有關，民族馬賽克的現象會影響對此地永續發展可能性的分析。此外，研究團隊也長時間蒐集土壤和水質變化的量化數據，以客觀評估這個農業制度在科學上的永續性。

第三章聚焦於雲南華人離散人群如何保存和再造其文化傳統，包括建立華文學校、編纂族譜與建立父系大家庭。定居美弘村的中華民國政府難民，最初都認為在泰北的生活只是短暫的居留，最終仍將返回中國。因此，他們渴望在此地再造其文化傳統以維護民族認同。為了能創造未來的美好生活並保有華人身分，本村第一代的奠基者多年來付出巨大犧牲。美弘村所展現的人際關係，正是這種由嚴格的父權家庭結構與偏頗的性別決定論所形塑而成。然而，對於下一代的子孫而言，這些文化遺產，卻具有負面意義。

我會透過在美弘村所觀察到的重要宗教活動來討論這些議題。雲南華人帶著傳統漢人民間信仰儀式來到泰北，包括日常生活祭儀、歲時節日和成年禮。對第一代的移民來說，這些宗教展演是文化保存的關鍵要素。然而，他們的後代卻似乎相當希望擺脫這些祖先遺產。這些後代子嗣為了獲得新的社會地位，致力於在寬容的泰國社會裡建立新文化認同。於是，我將分析這個建立在想像中的中國道德秩序的移民社會，如何在泰北邊境演變成一個僵化的社會實體。

第四章處理政治議題，尤其是美弘村在進入二十一世紀後，內部緊張和衝突不斷升高，引發出一連串的社區問題。問題有幾個來源，一個是前雲南軍事體制的威權逐漸式微。由於村子變得更為多元，立基於職級和個人忠誠的軍隊指揮階層，已逐漸起不了作用，甚至與時代脫節。二〇〇〇年李文煥將軍過世，無疑代表某種父權體制的終結。另一個原因是，泰國政府近年來努力吸收這些半自治的邊疆社區，以便將之納入一般行政管理制度，並實施村民普選，包括選出村長和村議會代表，為新興權力菁英的崛起鋪設道路。年輕一代是真正的泰國公民，在泰國接受完整教育，不再是雲南華人離散人群的身分。村裡的權力轉變引起激烈內鬨，可能需要相當時日才能逐漸化解衝突。

結論一章則總結本計畫所提出的重點，並確認未來研究的可能領域或議題。

1 Elvin 1977.

2 只有兩個例子，即中央研究院人文社會中心的張雯勤博士，自一九九〇年代中期，研究重心圍繞在雲南華人，以及美國北愛荷華州立大學的李建博士，大約在相同的時間曾研究過泰國北部的苗族人群。更多有關於他們著作的訊息，請參見參考書目。

3 Anderson 1993; Geddes 1976; Kunstadter 1983; Lewis and Lewis 1984; Sturgeon 2005; Young 1962.

4 Anderson 1993; Geddes 1976; Kunstadter 1983; Lewis and Lewis 1984; Sturgeon 2005; Sturgeon 2005; Young 1962.

5 Anderson 1993; Geddes1976; Li 2001a, 2001b; Kunstadter 1983; Lewis and Lewis 1984; Ongprasert and Turkelboom 1999; Rerkasem et al. 1994.

6 Geddes 1976; Kunstadter 1983; Rerkasem et al. 1994; Santasombat 2003.

7 Feingold 2000; Rerkasem et al. 1994; Sturgeon 2005.

8 Rerkasem et al. 1994; Santasombat 2003.

9 Anderson 1993; Geddes1976; Li 2001a, 2001b; Panomtarinichigul et al. 2002; Rerkasem et al. 1994.

10 Forbes and Henley 1997; Maxwell-Hill 1983, 1998; Mote 1967; Young 1962.

11 Sturgeon 2005.

12 Chang 2001, 2002; Forbes and Henley 1997; Hsieh 1997; Maxwell-Hill 1983, 1998; Mote 1967; Young 1962.

13 學者對「Ho」、「Haw」或「Chin Ho」用語雖有不同的意見，但大多同意這些用語主要適用於穆斯林雲南馬幫商人，並不適合指稱國民黨士兵。不過Forbes和Henley（1997）認為，這些都是泰北華人所使用的語彙，應都可通用。

14 柏楊後續書籍《金三角・邊區・荒城》（柏楊，一九八二），在臺灣引起很大的關注，讓泰北的雲南華人獲得許多援助。然而，這本書是作者根據在該地的短暫旅行而寫，因此對於當地狀況較欠缺深入瞭解。

15 Cowell 2005; Forbes and Henley 1997; McCoy 1972.

16 Renard 1996: 54-55.

17 Mote 1967.

18 Embree 1969。安布里的論文首次出版於一九五〇年，掀起從事泰國研究學者之間的爭辯。然而，後來Aphichat Chamratrithirong（1984）和Shin'ichi Shigetomi（1992）的著作中，很大程度證實安布里的觀點，但他們同時指出，安布里的見解應該考量兩個可能的修正因素：第一，泰國的地區差異，如泰國中部相對於東北部，其鬆散程度並不一樣；第二，近年來全球化市場經濟的滲透，強調短暫、契約式的互利關係，對於泰國注重人際關係且組織鬆散的傳統社會結構，必然造成許多負面影響。

19 Fricker 1998; Levin 1992; Solow 1992.

20 Fricker 1998; Levin 1992; Solow 1992.

21 Rerkasem et al. 1994; Santasombat 2003; Sturgeon 2005.

22 Rerkasem et al. 1994; Santasombat 2003; Sturgeon 2005.

23 Han 2005; Sarna 1999.

24 Husband 1998.

第一章

泰國北部金三角與雲南華人

在媒體報導中惡名昭彰的金三角，常與種植鴉片、提煉海洛英和國際販毒連成一氣。不過，本地的鴉片生產，其實並沒有很長的歷史。一直到十九世紀初期英國殖民者征服上緬甸，發現這裡的高地適合種鴉片，並可將此地生產的鴉片膏外銷到中國，以平衡購買絲、茶的外債時，才大量推動鴉片種植，成為本地的主要經濟作物。進入二十世紀，當全球性開始推動鴉片禁植和禁毒時，金三角地區因地處偏遠，且地表被大山大河切割，外力難以進入，便成為名符其實的法外之地。一九五〇年後，緬甸的長期內戰更造成此一地區的政治權力真空。這個時空上的巧合，給了逃亡到此地的國民黨部隊一個喘息、發展的空間。

「國民黨部隊」的多元詮釋

《異域》的經典故事帶給華人的印象，就是金三角的國民政府部隊是被放棄的孤軍。然而，實際上，滯留金三角的國民政府軍隊，多數並非真正的「孤軍」，而是一九四九年之後，陸續從雲南逃出的多元群體。雖然當時許多難民軍隊是國民政府的正規軍，但亦有不少是非正規軍隊，包括雲南南部和西部的地方自衛隊或民兵。一九五〇年代初，李彌將軍在國民政府援助下，在緬甸大其力設立一個軍事訓練基地，稱為「反共抗俄大學」，積極招募中國滇西民兵來此跨境受訓。雲南西部是眾多少數民族的故鄉，早年是由中國官方，如清廷（一六四四—一九一一）或國民政府（一九一一—一九四九）所任命的部落頭人或土司統轄。在中國的西南邊界地帶，當地頭人或土司為了自衛和執法，多擁有私人武裝力量。一九四九年共軍席捲中國大陸時，由於這些地方頭人或土司不滿中共政權取得勝利並推動反傳統文化的政策，使得他們紛紛逃離滇西，並將既有的地方自衛隊，原封不動地帶到金三角，加入國民政府正規軍的反共抗俄聯盟。

其後，在緬甸和中國的壓力下，這些表面整合的國民政府部隊被迫撤離，其中大部分被國民政府安置到臺灣。一九五三至一九五四年之間，撤離抵臺的人員估計為六七五〇人。一九六一年第二次撤離時，另有四四〇六人到臺灣。[1]不願到臺灣的散餘部隊，則撤退到泰國北部。他們大多不屬於國民政府的正規軍，而是原為雲南地區的民兵或自衛隊，只有少部分人屬於國民政府的正規軍。

這些遷徙到泰北的難民群凝聚成兩個軍事單位，第三軍聚居在清邁省美弘村，第五軍的總部則設在清萊省的美斯樂，這便是《異域》描述的地方。雖然他們被稱為野戰軍，但實際人數其實很少。按照國民政府的軍事編制，一個軍至少應有二至六萬名作戰人員。對這段期間從緬甸撤退到泰國的國民政府部隊士兵數量，不同的研究者曾提出不同的估計，如福布斯（Andrew Forbes）和韓力（David Henley）估計第三軍約有一千五百名士兵，第五軍有二千名士兵。[2] 張雯勤則指出第三軍估計約有一千七百人，略多於第五軍的一千五百人。[3] 由於張雯勤曾長期在此地做實地研究，她的數字可能較為準確。

雲南民間自衛隊的特質，對泰北華人離散社群的未來發展有顯著的影響。以本書的主要研究對象第三軍為例，這支民兵主要來自緊鄰緬甸東北邊境的雲南省鎮康縣。率領民兵的李文煥將軍被暱稱為「鴉片頭子」，[4] 他來自於鎮康縣內最富裕的家庭。一九四〇年代初，他把當地民兵組織管理得就像是私人專屬的軍隊，並曾帶兵越界平定在緬甸搶劫馬幫的回民。[5]

第三軍裡多數的軍官和士兵，不是曾在李將軍的家庭當幫傭，就是李將軍家的佃農，其效忠的對象主要是李將軍，其次才是移往臺灣的中華民國政府。他們對李將軍絕對忠誠，視其為專制權威，他說的話在本地就是最高律法。

除了這些地區的雲南民兵外，一九五〇和六〇年代，在金三角還有另外兩股人群也先後加入泰北國民黨部隊的反共抗俄聯盟。首先，是雲南的馬幫商人（但不是穆斯林），他們擔任民兵和當地民眾之間的交易或採購代理。他們聽命於軍事長官，從當地商販或其他管道購取日用品。由於這些馬幫商人對軍隊的依附關係，使他們接受李文煥將軍等高階軍官的絕對權威。雖然這個商人團體很小，但由於他們對金錢的敏銳度、良好的管理能力，以及豐富的在地知識，使得他們對軍方高層而言，具有不可或缺的重要性。當這些雲南部隊在泰北建立定居社區時，他們亦扮演關鍵角色。

另一批加入泰北反共抗俄聯盟的群體，則是來自撣邦的緬甸華人。十九世紀末、二十世紀初，大批的雲南華人遷徙到緬甸東北部。當時中國和緬甸之間的國界並不清楚，果敢地區更是如此。[6]這些緬甸華人建立華文學校，小心翼翼地維護中華文化傳統和民族認同，他們也經常返回雲南的祖籍地追本溯源。他們之所以加入反共抗俄聯盟，部分原因是出於意識形態的堅持，同時也因為他們看到從軍是達成向上社會流動的可能途徑。不過，相較於前面兩批人群，這些緬甸華人對於像李文煥將軍一般的傳統權威，忠誠度較低，且對濫權和腐敗更易於感到不滿。

一九五三至五四年及一九六一年，臺灣中華民國政府從金三角撤離其正規部隊時，也承諾安置其盟友，即泰北雲南地方民兵和參軍的緬甸華人到臺灣定居。對此，我的主要報導人指出，不少泰北雲南人拒絕撤離到臺灣的原因有幾個。首先，他們認為自己不是國民政府的正規部隊出身，到臺灣後一定會受到正規軍事系統的排擠、歧視。其次，他們仍希望能留在靠近雲南西部和緬甸東北部的祖先家園之處。對仍期待返鄉的他們來說，臺灣太過遙遠。最後的原因是這些民兵中，不少有鴉片癮。金三角有充足的毒品供應。如果撤遷臺灣，要維持抽大煙的習慣，將會面臨很大的困難。種種因素，讓不少雲南華人不願遷居臺灣。

一九六四年，第三軍和第五軍這兩個殘存緬甸、但掛國民政府番號的部隊，獲得泰國軍方的支持，撤退到泰北。他們的定居地緊鄰緬甸東北部邊境，而這裡的緬甸人一向是泰國皇室的敵人，[7] 遷移至此的國民政府軍隊於是成為泰、緬之間的一道緩衝。當時，泰國軍方基於這樣的考量，還派出推土機等挖土設備，協助這群雲南部隊清除原始林，以建造房屋、校舍、運輸道路。第一代美弘村民至今依然緬懷與泰國軍隊密切合作的往事。

移居泰北多年以來，緬甸因持續不斷的內戰所苦，所以無力侵擾泰國。因此，這些武裝雲南華人移民，對保衛泰國西北部邊疆的作用不大。但是，在往後的歲月裡，他們透過向泰國政府提供不同的服務，仍提升了泰國國家安全，例如：消滅泰國北方的共產黨叛亂勢力，尤其是苗共。因此，儘管雲南軍隊普遍具有鴉片成癮的問題，外表看起來也像是烏合之眾，但泰國軍方早已見識到這些華人移民的軍事組織能力。於是，雲南華人軍隊分別在一九七〇至七四年間以及一九八一年，兩度被泰國軍方邀請參與剿（苗）共戰役。一九八一年取得決定性勝利之後，泰國政府便授予他們及其直系親屬正式的公民身分。

對於這些流離失所的雲南人而言，此時泰國政府的作為，無異給他們開發出一條新路，讓他們能在大陸的共產中國和臺灣的中華民國之間，找到片刻喘息生機空間。雖然此後他們在法定身分上已成為泰國公民，但是他們仍然強調內在的中華文化傳統和民族認同。於是「借土養命」成為一個半安頓、半流動的妥協，讓這些雲南華人持續生活在這種過渡狀態中，見證其自我存在意識。在泰北雲南華人的文字記載中，如中文學校的校志，或新編的族譜中，常會見到「借土養命」一詞，用來描述他們艱辛的生存條件和堅毅的民族認同。但這種意志的表現，卻也帶來新一輪的內在衝突，尤其在不同世代間，對雲南社區的永續發展，投下陰影。

終結販毒

我在美弘村的報導人並不避諱談及他們早年在金三角從事鴉片生產、提煉海洛因和走私毒品的活動。他們強調，在一九六〇和七〇年代，這些活動幾乎是半公開的。泰國軍方提供空曠地區讓他們種植罌粟花，村民則在附近山區將鴉片膏提煉成海洛因。海洛因成品，由美國中央情報局協助走私出境。大多數的年長村民都認為吸食鴉片是一種消遣性的活動，只要不過量，對身體健康有益。但是，他們對海洛英卻有明顯的戒心，認為它容易使人上癮，甚至可能因注射過量而導致死亡。此外，因共用注射針頭而造成愛滋病的傳播，也是他們警告年輕人不要嘗試海洛英的主因。

一九八一年泰國政府同意授予泰北雲南人公民權之際，同時提出兩個條件：一是繳交所有的武器，二是停止毒品生產和銷售。在此情況下，雲南部隊的領導接受這兩個條件，同意解除武裝和停止毒品生產。這個轉變，也加速了村民尋求開發新農業品種的努力。時至今日，當村民談到這段往事時，還抱持戲謔的心情，當成笑話來說。例如，泰國政府要他們繳出武器時，他們就挑選一些老舊、待淘汰的槍枝送出去，敷衍一下。而將完好的精良武器，包紮妥當，藏在山上。

至於泰國政府提出的禁毒計畫，美國中央情報局同意執行。其方案是由美方出資，收購雲南部隊儲存的所有鴉片膏，集中後銷毀。當中央情報局通知三軍將於三天後派遣中情局幹員來美弘村收購鴉片時，李將軍立即下令要各家戶磨豆漿。豆漿磨出來後的豆渣，揑成球狀，外面再塗上鴉片膏。如此一來，美弘村的鴉片存量就翻了好幾倍。等中情局的幹員來到村裡後，軍方先送他幾根金條，討他高興。等那些裹了鴉片膏的豆渣球集中在自治會前的廣場時，中情局幹員就依序登記所有毒品的重量，作為補償的依據。登記完後，就在這些鴉片上澆汽油放火燒掉。

在清除儲存的鴉片後，美弘村自治會就明文宣布停止種植鴉片、禁止提煉海洛因和販賣毒品。一旦有村民被發現販毒，就會被逐出村子，並將他的住房砸掉。自治會的黃會長就很自豪地告訴我：「在此後的二十年內，村裡沒有人敢公開販毒。當然，私底下有沒有，我就不知道了。」

雲南人之所以主動提出這個重大的轉變契機，與他們在泰國得以合法長期居留密切相關。在獲得泰國公民的身分之後，這群雲南華人才開始擁有永久持有土地的合法權利，也不願意繼續販毒了。與之相鄰的傈僳族、甲良人和泰國人認為，丘陵地的農業價值較低，雲南華人便從他們那裡購得大片的山坡地，並通過投資新技術和試驗新品種，努力增加土地的生產力。此外，這群雲南華人也透過精良的土地管理和農耕技術，盡力保護新收購的農地財產。於是，短短二十年間，這些華人所建立的新興山地農耕制度，似乎為他們在這原本荒僻的土地上，提供了一個可行的生計方式。

臺灣在金三角的角色

一九八〇年代還有另一項重大發展，對雲南華人及其在泰北的成功適應有直接的影響，即與臺灣的中華民國政府恢復聯繫。一九六四年，當泰北雲南民兵拒絕撤離至臺灣時，中華民國政府便在表面上切斷一切與他們的正式關係，只承認其子女得以擁有到臺灣讀書的機會。一九八〇年代，臺灣經歷工業快速成長，國庫充裕。透過諸如《異域》等視聽傳媒管道，多年來，這批從雲南到泰北「被遺棄」的國民政府士兵，他們的故事引起廣大華人社會的同情，呼籲臺灣政府實行人道主義援助他們。

於是，一九八二年臺灣的中國大陸災胞救濟總會（成立於一九五〇年）在泰北金三角設立了獨立辦公室，在該地區執行三個不同的協助計畫。第一個計畫，便是承認這些雲南民兵組織為中華民國政府軍的附屬軍隊。如此一來，這些士兵便和遷移至臺灣的正規軍一樣，享有相同的退休養老金。除了直接的退輔津貼，臺灣政府還提供泰北雲南老兵醫療服務和健康照護。例如，一九八八年臺灣政府花費一八五萬泰銖在美弘村興建養老院，以容納所有住在清邁但無後代撫養的泰北雲南退休軍人。這間養老院最初收容一百三十多位院民，二〇〇五年時已減至約三十人。隨著時間逝去，老兵凋零。

第二個計畫是改善當地生活條件的經濟援助。例如，一九八七年臺灣政府在美弘村投入七十八萬泰銖，在山上建立泉水淨化系統，供應自來水給村裡的家戶。同年，臺灣政府還提供一百萬泰銖，鋪設村內街道。據美弘村政府估計，其後十多年內，單單只算臺灣在美弘村的經濟援助，總金額便高達一千萬泰銖。

臺灣政府也提供泰北雲南華人技術方面的援助。臺灣的農業推廣與研究人員引進新的農作品種與生產技術。此外，來自臺灣的手工藝師傅團隊也教導村民製作紀念品販售給遊客。這些技術援助的影響頗大，許多清萊當地的雲南華人已將他們的山坡農地轉作為茶園，茶葉出口成為村民的重要收入來源。但在清邁和美宏頌這兩個省，農業團隊教導村民種植如李子、桃子等木本作物，成果卻有限。美弘村民抱怨這類果樹產量太低、品質低劣，於是很快就放棄了這些引進作物。

一九六〇至九〇年代，臺灣政府准許泰北雲南華人的子女到臺灣念大學或接受專科教育。這些教育連繫對泰北雲南人社區的發展至關重大，其影響難以金錢價值估算。大多數的美弘村子女在臺灣完成學業後，會留下來找工作。僅在美弘村，估計就有超過一千位村裡的孩子通過這種教育途徑而定居臺灣。在臺灣工作的美弘村民後代，他們定期匯款也讓許多村民享有穩定收入。

美弘村

美弘村建於緬、泰邊境，沿著崎嶇蜿蜒的山脈伸展而成。這裡位於清邁市北方大約一四〇公里處，原本是當地泰國人與甲良人的貿易驛站，周圍密布原始森林。一九六二年以來，這裡就成為第三軍的基地。美國歷史學家牟復禮夫婦於一九六〇年代中期，曾到美弘村訪問。他們指出這個村落在農業生產方面已相當成功，擁有運作良好的村政府，以及完善的華文教育。[8] 美弘村符合泰國部落地區的地方自治制度，由泰國政府指派村長（泰語稱為*Puyaiban*或*Phuyaiban*），負責所有的管理事務，在第四章會有更多詳述。

一九六四年，美弘村成立初期，村民討生活的方式甚為有限。少數村民會儲蓄金錢以購買附近農田。有些則受僱於附近村落的泰國稻農，農忙時幫工，賺取微薄工資。也有人冒險到附近山區清理森林坡地，以種植季節性經濟作物。這些雲南華人憑著其在家鄉時便具備的豐富山地農作知識，以及對外銷商品市場的濃厚興趣，在面對農作市場的波動需求時，能穩下腳步，將所有攢下的存款都投資在購置更多的田產上。於是，很快的，二十年之內，村民向刀耕火種的傈僳族或苗族購得大片的山坡地，以至於這些山地族群因為雲南華人的進入，而遷移到更偏僻的森林深處。同時，村民也在附近的泰國村落，向他們的前雇主——即泰國農民——購買周圍的稻田。

二〇〇五年，全村約有一千一百戶，人口近一萬人。二十一世紀初，來自中國的移民與緬甸的難民，仍然不斷越過陡峭山嶽，來此尋求安身庇護。根據美弘村黃村長的估計，二〇〇五年時村裡大約三分之一的居民是一九六四年由緬甸移居至此的最早移民及其後代；三分之一是一九七〇至八〇年代，主要是因中國文革動盪與緬甸內戰時逃出來的中年華裔移民；最後三分之一則是近十年遷入的新移民，包括穿越緬甸或寮國邊境以尋求更好生活的華人，以及為了逃離緬甸內戰的緬甸山區部落民族（如緬甸人、傈僳族、甲良族、撣族等）。緬甸內戰所引發的民族遷徙，也廣受西方學者關注。[9]

美弘村給人的初步印象是井然有序：矩形的住宅區、平坦的街道、精心打造、維護良好的房舍。村內環境乾淨，街道明亮，沿著主要幹道上並列著備貨充足的零售商店。這裡看起來一切都平靜又安穩：雲南老兵在街上彼此寒暄，閒話家常；孩子們則在自己的小天地裡自在玩耍，或在街道上來回奔跑。據前村長的粗略估計，二〇〇五年時美弘村已相當繁榮：超過七五％的村民家庭擁有汽車（包括轎車或輕型卡車），一〇〇％擁有摩托車。念初中的孩子都是騎摩托車或電動腳踏車上學。美弘村的富裕生活讓附近的其他族群羨慕。鄰近的泰國人和甲良人不僅陸續將低地稻田出售或出租給美弘村民，為了生活，他們也長期或短期受僱於美弘村民在山坡旁開設的村工廠或果園。二、三十年內，美弘村與鄰近族群的僱傭關係已完全翻轉。

然而，許多值得深究的文化、社會與全球議題，就隱藏在這些平靜繁榮的表象後面。我將繼續帶領讀者深入探索。為能保證村子和村民的隱私，在本書中我原則上一律使用假名。除非是一些公眾人物，由於他們的名字在別的著作中已出現過，我才會使用他們的真名。

圖1.1 從山上看村落

圖1.2 進村拱門前的柑橘園

1 Chang 2001, 2002.
2 Forbes and Henley 1997.
3 Chang 2001, 2002.
4 Cowell 2005: 9.
5 Cowell 2005; Forbes and Henley 1997; McCoy 1972.
6 Chang 2001, 2002; Cowell 2005; Forbes and Henley 1997.
7 Thongchai 1994.
8 Mote 1967.
9 Feingold 2000.

第二章

建立永續農業生計

一九六四年當支持國民政府的雲南部隊從緬甸撤離到泰國北部的山區後，他們就準備開展山地農業生產，以維持生計。他們在傳統文化工具箱中（cultural tool kit），尋找可以適應於當地的作物和耕作方法，希望能建立穩定、可靠的生活。作為研究工作者，我們是否可以從泰國北部不同族群的山地農業生態適應，看出永續農業是如何建立起來？以及永續農業的內涵為何？

在泰北山區少數民族的記憶中，除了少部分的孟—高棉語族，如Lua族和Htin族外，大多數的住民早已在此定居。[1]他們依賴刀耕火種農業方式，主要滿足生活所需，如在高地種植旱稻和玉米，其次才種植鴉片等經濟作物。一九六五年開始，在清邁的「部落研究中心」（Tribal Research Center，聯合國在泰北設立的一個國際援助機構），以及其他國際組織，如美國國際開發總署（USAID）所推動的農業發展計畫，都試圖改善當地族群的生活條件，如引進水稻和小麥，以取代本地作物，或將山地部落安置到較低的地區。[2]但這些活動的具體成效不彰，貧窮與毒品長期殘害當地少數民族的生活。

相較之下，雲南華人在此地出現後，其所引進的農作物，如蔬菜與熱帶水果，卻迅速擴大該地自給自足的農業內涵和經濟作物的品種。加上華人擅長的財務管理技術與能力，[3]亦有利於建立族群性的營銷網絡，[4]讓當地農業生產得以擴展到食品加工業。一旦農作物得以透過加工保存，即意味當地作物可以藉由市場網絡運銷到山區之外。於是，我們可以看見，自二十一世紀初以來，泰北山坡上的果園荔枝、芒果、龍眼和柑橘的生產與銷售，以及其他季節性的本地農產品，如竹筍、玉米筍、生薑，乃至咖啡等，已經使得泰國國內、外市場的罐頭工廠和貨運公司更加繁榮。

為瞭解當地由雲南華人新引進的農業制度及其造就的農產加工產業，我提出了一些分析性的問題以為切入點：他們如何選擇原始山坡地來耕種？這種做法是否影響當地環境，以及短期或長期性的農業生產？更具體地說，我想瞭解他們使用什麼樣的農作技術，來保護山區果園的表土和維持土壤肥沃度，以維持其農業生產水準？當地雲南華人從何處獲得有關新作物品種、市場條件，或其他新興工業原料的資訊？他們從何處獲得有關作物品種和種植的知識？他們做了什麼修改或創新，讓引進的栽培作物在新環境中得以存活？試驗成功後，又是如何傳遞有關種植技術的訊息？使用現代農業生產原料，如化肥、農藥和除草劑，是否會汙染山坡果園的土壤和水源？最後，當地這種新興的山地耕作知識和技術，是否得以跨越文化界線，同樣造福其他嘗試擺脫貧困和毒品生產雙重折磨的山地族群？

為了評估這些山地農業對環境的具體影響，我們透過地理資訊系統（Geographic Information Systems，簡稱 GIS）蒐集氣候變化和植被覆蓋率的數據，這些系統性資料幫助我們評估山地農業擴張的速度和程度。在研究期間，我們定期從村外選定地點，取得土壤和溪水樣本，以評估其物理和化學特性的變化。由此獲得縱向及橫向的比較數據，應能清楚指出山地農作系統的正向與負向特質。

這些科學性與社會性的研究問題與方法，讓我們得以瞭解美弘村雲南華人在泰北山區的熱帶森林，是否已經建立了永續的農業生計。不過，在此之前，我們必須先定義「永續性」、「永續農業」和「永續發展」等議題，如此才能評估美弘村的山地耕作方式是否成功。

永續農業的定義。誰的定義？

讓我先說明輪耕農業（slash-and-burn agriculture，又稱刀耕火種、山田燒墾、游耕等）的本質，這一直是泰北山地部落世代採行的農作方式。對此學者們常有的爭論是：這種農作方式，是否為熱帶雨林中可行的環境友善農業形式？[5] 多數人類學者都認為，輪耕農業是切實可行的做法，能夠維持熱帶農業生態系統和生物多樣性，可謂山區部落生存的關鍵因素。[6]但是，也有學者持反對意見，指出這種農作方式會帶來許多負面影響，例如：水土流失、植被破壞，及其對自然資源的落伍處置方式。[7]

問題是，什麼是「永續性」的標準？永續農業、永續農業生計，或永續發展等概念，在全球各界都廣泛地引起關注。然而，針對某個生態環境在永續經營上究竟是成功或失敗，或採用何種客觀標準來衡量，似乎仍未達成共識，並引起許多學術爭論。[8]

但反對熱帶雨林農耕的學者，卻認為它可能破壞森林植被和造成生物多樣性消失。例如，近年來關於馬達加斯加熱帶雨林迅速消失和生物多樣性銳減的驚人報導，可以視為是對在這種生態系統中農耕的尖銳批評：「失去了九〇％的森林（覆蓋），難以計數的物種就會因為失去棲息地而滅絕，且大部分的土壤覆蓋也不敵侵蝕，這種破壞主要是源自於刀耕火種農業。當地人們為了農業用途不斷地焚燒雨林，這是他們的謀生方式。」[9]

換言之，為能達成永續農業的理想狀態，我們期待農民在熱帶雨林從事農作時，必須兼顧生態環境保護和維持生物多樣性，同時又要滿足人口壓力對農地需求的擴張，更需考量長期和短期經濟發展規劃間的衝突，並帶入日益惡化的全球溫室效應影響等問題，以及不同族群之間的矛盾衝突等。[10]然而，在面對這些複雜的情境時，應該由誰來決定這些發展策略？是缺乏土地的農民？本地人或國際環境保護主義者？各個領域的研究者？還是主掌國家經濟發展的政府官員？

這些問題都沒有簡單答案。如何做客觀評估也沒有一致的標準。此外，我們還應考慮到研究人員的主觀視角，必然對當地帶來實質的影響：我們個人的學科訓練、自己的道德原則，對於社會問題及其解決之道、對於分析社會實作的方法選擇等，都可能對研究內涵有所影響。因此，這個計畫的研究倫理考量就必須周詳，比一般無涉敏感議題的民族誌田野工作需要更多的步驟。我們必須在研究、分析與評估研究對象的行為和影響之前，也就是在擬訂規畫和開展計畫時，先反思與說明自己的立場、動機和價值判斷。

我們人類學者是否自許為邊境山區邊陲族群利益的代言人？我們是否屬於某種意識形態經濟發展的推動者，如自由主義、保守主義或環保主義？我們是否贊同堅持保護生物多樣性、土壤和水資源保護的環保人士？我們是否為參與官方規劃土地和森林管理政策的學者？

不過，在解決複雜問題前，研究還得繼續下去。在自我反思的層面上，我們或許可以先暫時將自己與以上這些問題擱置下來，以利先分析「永續農業」、「永續農業生計和發展」等主觀概念的涵義。我們暫時需要一個理想型的定義作為操作概念。因此，讓我先為「永續農業」下一個簡單定義，再來討論後續的複雜問題。我以為，長期推動永續農業的美國農學者艾克（John E. Ikerd）所下的定義是個好的開端：「一個永續農業必定能夠為社會提供永恆價值。如此界定的永續農業，必須是在生態上健全、經濟上可行，且符合社會正義。」[11] 藉由艾克的定義，以本書的例子來看，我們關注的是「社會」，即泰北雲南華人這一群人，他們是具有某些共享的文化特質和認同的集合體。而我們的目標是要瞭解這些社會成員如何實現維護環境健康的「永恆價值」，藉此發展出能供應充足物質的生計模式，以及符合所有相關群體認可的正當性。

那麼，永續性這個概念的爭議性，就自動浮現出來了：無論是「健全」、「可行」和「永恆價值」，都是主觀名詞，且都有明確的價值判斷。但這種價值判斷是基於對我們研究的特定社群的需求和評估所做的判斷，還是從其他社群的觀點來看的判斷？此時，身為研究者的我們，是否已然成為決定社群界線及其需求有沒有滿足的判定者呢？

換言之，建立適用於某個社群的永續系統，可能會以犧牲其他社群為代價；而適合特定時空的永續生態系統，也可能在另一段時空中無法維持。在研究分析的過程中，當我們從一個層級轉移到另一個層級，或從一個地點轉換到另一個地點時，永續性的內容和意涵也就可能隨之變動。當我們考慮到不同尺度的空間、時間和當地社會的複雜性時，整個「永續」概念會變得難以捉摸。[12] 在研究美弘山區耕作方式的研究時，對此問題我們必須牢記在心，才有可能掌握評價泰北雲南華人成功或失敗的標準及其樣貌。

山區耕作方式的改變

一九六四年美弘村建立時，當時村外周圍還很多地方仍被原始熱帶雨林所覆蓋。村子東邊鄰近村落中的泰國農民擁有小塊水稻田，西部山區則有幾片林地被游耕的傈僳族砍伐開墾。村民們至今仍然記得當時篳路藍縷的艱辛，因為他們從泰國稻農那裡賺取的工資相當低，而整理坡地卻要投入大量的勞動力，所得根本不足以應付基本的生活所需。

我的幾位報導人回憶，一九六〇年代後期，他們的農作生產能量才達成第一次突破。當時越戰（一九五五—一九七五）愈演愈烈，寮國和柬埔寨的難民逃離家園，湧進泰國東北部和東部，沿著泰國邊境紮居難民營。照顧這些難民飲食的國際救助機構很快地發現，大白菜是一個相對耐久又便宜的蔬菜，而且是難民可以接受的副食。於是，大白菜的大量需求推高了其價格。這時許多美弘村民為能迅速獲利，將他們的山坡田地改種大白菜。就是在這段期間，一些頗有生意頭腦的村農開始充當中間採購者，替難民營到各地採買大白菜，並因此結識外界蔬菜市場的一些經銷商，後者多是來自芳縣、清邁，甚至曼谷等城市的潮州華人。潮州人在歷史上是泰國最大的華人移民群體。

與其他海外華人社區的連繫，尤其是具有影響力的潮州人，對美弘村的發展影響很大。一九七〇年代初期，美弘村裡兩位具備高度進取心的農民，以潮州批發商所提供的訊息為基礎，率先在美弘及鄰近的其他雲南華人村，將山地農田改種馬鈴薯。同時，這兩位農民還兼任採購商或批發商，收購個別農民的馬鈴薯，然後運到外面市場。此時，外界對馬鈴薯的需求增加主要有兩個來源，一是駐紮越南的美軍人數逐漸增多，二是泰國中產階層的成長，他們都愛吃馬鈴薯為主的零食，如洋芋片等。

早期美弘村民的農作方式，在本質上是屬於高度掠奪式的粗放耕作。種植季節性作物如大白菜和馬鈴薯，讓大片耕地直接曝曬於陽光下，造成季風雨季期間，土壤侵蝕嚴重，水流從山地帶下厚重的表土，也讓小溪略帶紅色。而在旱季，幾乎沒有任何植物能在裸露的農地上生長，村子周圍變成不毛之地。許多報導人指出，在那些年代，這個山區的農地全無令人賞心悅目的宜人景象，而他們又缺乏誘因去尋找可以兼顧利益又對環境無害的替代作物。當時，他們還不是泰國的合法居民，對農地不具有法律權利，因此無暇顧慮他們的做法是否可能對環境造成長期傷害。

一九八〇年代初期出現轉捩點，導致泰北地區華人與自然環境的辯證關係發生巨大變化。一九八一年，雲南華人幫助泰國軍方消滅該地苗共叛亂，這場成功的軍事戰役讓泰國政府授予雲南華人軍隊及其家屬正式的公民身分。成為泰國公民的轉機，促使美弘村民展開全新做法。由於他們得以享受擁有土地的合法權利，於是開始向鄰近認為山地沒有農業價值的傈僳族、甲良族和泰國人購買一些山坡地。此外，他們還透過投資農業技術，以及新品種試驗，努力提高土地的生產率。同樣重要的是，此時的村民非常努力，通過細緻的土地管理和耕作方式改良，以維持他們新獲土地的品質。

這個戲劇性的變化可以參考我們依照地理資訊系統製作的表。我們可從表2.1看出幾個發展趨勢。最明顯的是，美弘村居住面積逐漸擴大，果園種植面積快速增加，自然森林則快速減少。未灌溉農田面積的變動需要解釋一下：一九七八年躍升到七五四英畝，清楚反映村民努力增加大白菜和馬鈴薯的生產；一九八三和一九八六年則下降，顯示季節性農作物的減產，以利於培育果樹。稻田這一欄也呈現同樣的模式：初始提高水稻產量是理想目標，因此成為主要的農業投資重點，一九八三年也逐漸讓位給果園。

不過，這些土地利用模式的變化，只能部分說明永續農業發展的情形。新型的山地農業，仍必須從永續發展的其他面向加以評估。如果我們定義永續農業生計是一個整體的、系統的，以及包含減低貧窮問題的參與式做法，除了環境和社會的永續性之外，這種做法必須衡量人們的能力，足以「有效地滿足糧食和收入的需要，設法解決並從衝擊和壓力之中復元，保持及提高其能力和資產，同時不破壞自然資源的基礎」。[13]

對美弘的雲南華人來說，這意味著他們的耕作模式必須結合環保、改善住居環

表 2.1 美弘村土地利用方式的變化，1954-1995

	1954	1978	1983	1986	1995
村里面積（英畝）	0	92	125	209	237
未灌溉的耕地	214	754	364	286	502
有灌溉的稻田	82	373	363	355	121
果園	0	81	218	265	566
森林	1644	640	870	770	514
總計	1940	1940	1940	1885	1940

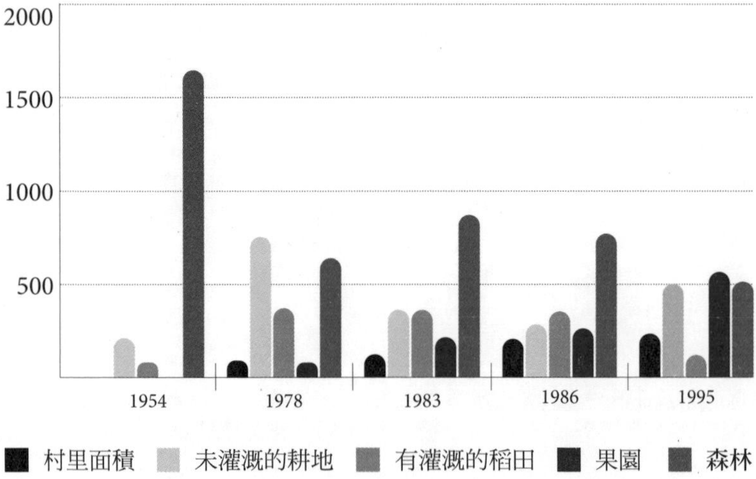

資料來源：Rakariyatham 2004。

境和社會文化重建等方面的考量。為了實現這些目標，他們必須決定選擇哪些作物來進行生產實驗；他們還需擁有保持土壤肥沃的技術，以延續刀耕火種所無法維持的農地長期生產力。在泰國北部的季風區，他們面對四至十一月間的豪雨，需採用遏制水土流失的適當保護方法；相反的，從十二到四月這五個月間的漫長旱季，則需儲存足夠的灌溉用水，以確保作物的生長。

此外，為了執行這些工作，農場經營者必須僱用長期或短期的農工，以補充家庭缺乏的勞動力。總之，要能實行永續農業或永續農業生計，需要有正確的農業知識，為採用的新技術投入充分資金，測試新作物的生長能力，以及籌組足夠農業勞動力的管理能力。以下各節將陳述美弘村民嘗試建立永續農業生計的具體做法。

雲南華人的農業專業知識

當雲南華人初抵泰北時，他們帶來了許多新農作品種和種植技術。在逃離中國以前，他們大多是雲南省西部山區的農民，熟悉集約農業，在河谷和盆地的水田種植稻米，也使用山坡梯田來耕作其他作物。他們帶來有關作物品種和山地種植的豐富文化知識。

雲南華人引進蔬菜和新的熱帶水果品種，改善了基本生計的農業，遠遠超越過去採用刀耕火種農耕的產量。長期在此居住的美國傳教士戈登・楊（Gordon Young）曾觀察到：

> 他們（即雲南華人）……展現的山區生活類型，是泰國山地部落前所未見的。他們的範例很重要，即使他們不會留下來，未來對其他山地部落仍有影響。他們使用從雲南帶來的犁，並以牛來拉它們，使得農作處於優勢。此外，他們展示以蕎麥為主食和牲畜飼料的重要性。而他們在畜牧業的活力也一直被附近的拉祜族和傈僳族所讚揚。[14]

美弘村民說，他們剛開始定居在這裡的時候，鄰近的泰國人和甲良族農民僅種植水稻和一些果樹，如芒果和龍眼。雲南華人帶來了新的蔬菜，如白菜、萵苣、馬鈴薯、甘藍菜、蘿蔔、茄子、四季豆和各種瓜類。如萵苣便是鄰近泰人從前沒有見過的作物。如今，泰國人仍直接從中文借用名詞稱之為「萵苣」。村民們還說，當時附近的泰國農民不知道嫁接樹木的種植技術，他們幫雲南華人工作數年後，才學會這項技術。

除了作物品種外，雲南華人也非常瞭解農業生產的其他面向。如他們指出，化肥是現代農業生產的基本要素；不過，他們也理解，連續使用化肥可能使得表土板結而降低土壤品質。此外，山坡土地仍然需要有機營養物質，村民為此從清邁購買袋裝牛糞撒在田裡、果園裡。有機肥的使用，同時解決了表土板結和土壤肥料不足的問題。

為了確保旱季有充足供水，村民在村子後山尋找石灰岩山地的天然泉水。找到泉水之後，他們在高海拔地區的水源地建造水泥貯水池，利用自然引力以塑膠管引水到下方坡地。這樣的供水效益，意味著村民能迅速擴大他們的山地農場耕作。

木本作物的引進

除了引進新的作物品種和家畜飼養外，華人的財務管理技術，[15] 以及建立族群營銷網絡的能力，[16] 也為山地經濟作物的發展提供重要能量。近年來，荔枝和柑橘已成為泰北兩種最成功的新興經濟作物，其引入要歸功於雲南華人和其他華人社群之間的網絡連繫。

荔枝是一九八〇年代初，由美弘村民所引進。不過它在美國植物學者安德森（Edward Anderson）一九九三年所著有關泰國北部植物分布的百科全書中，尚未被提及。[17]村民們說，一九七〇年代，他們由芳縣東邊的潮州人那裡取得荔枝樹苗。泰國的潮州移民從中國南方引進荔枝種子，在萬洋鄉（Wanyang）周圍的低地丘陵建起荔枝果園，就位於美弘村東北方約三十公里處。

潮州商人在萬洋成功打造荔枝果園，賺取可觀利潤，促使美弘村民紛紛仿效。一九八一年村子裡兩名最積極的農民，即我的報導人岳先生和劉先生，也開始在他們的山坡地種植荔枝。他們向在萬洋經營大型運輸公司的潮州商人購買大量樹苗，每萊（lai，萊是泰國農地單位，一萊是四十乘四十公尺，即一千六百平方公尺）種植二十株荔枝樹，如岳先生在二十萊的農地裡種下四百株荔枝樹苗，而劉先生的一百五十萊農地則栽種了三千株。

荔枝的品種主要共有四類：「金鐘」、「糯米糍」和「藕黑」等三種早熟，第四種「豐花」較晚熟。劉先生回憶道，每當潮州商人開發出新的品種時，便會提供給他免費樹苗以試種。潮州商人也會利用自己的貨運公司，替美弘村民將收成的荔枝，運到清邁和曼谷的市場。

一九九八年，柑橘的推廣，一如一九八〇年代的荔枝，經由同樣的管道引進美弘村。最早柑橘也是由萬洋的潮州華人從中國南方引進種子，並成功地在泰國北部栽培橘子樹。雲南華人獲得潮州人的種子和樹苗，同樣成功地在周圍的山地種植。柑橘這種新興作物，在安德森的泰北植物誌中也未提及，可見其引進時間頗晚。

柑橘是比荔枝更需資本密集投資的果樹種植。每萊的土地可以種植二十株荔枝樹，卻能維持高達八十株較小的橘子樹，推高投資成本。在旱季，荔枝園只需要每月灌溉一次，就能維持生長；而橘子園則需每週澆水。荔枝園每年施肥兩次，第一次在開花前，接著再次施肥是在結果之後；但橘子園需要每月施予化肥和牛糞。此外，橘子樹比荔枝樹更需定期修剪、除草和防治病蟲害。種一萊的荔枝園，每年需要投入約二萬泰銖，但同樣面積的橘子園則要投入約二十五萬銖，大於荔枝園十倍以上。

柑橘和荔枝的生長速度亦不同。荔枝樹在五年後收成，最初產量很小。樹木的成熟和達到巔峰產值約需十二年。一株完全成熟的荔枝樹每年生產四百至五百公斤的果實是很常見的，但樹齡達二十五年之後，荔枝的質量就會下降。相較而言，橘子樹大約第二年便可結果，並在第五年達到成熟。

進入二〇〇〇年後，許多美弘村民已陸續將荔枝園改種柑橘。他們提到改變作物考量的三個原因。首先，泰國的荔枝生產過剩。泰國北部其他地方的荔枝產量快速增長，二〇〇〇年以來，荔枝的市場價格相當低迷。許多村民提及，近年荔枝的產量和價格都難以突破。其次，橘子的產量較易操作，得以配合市場需求的起伏，因此能得到更好的價格。橘子花一月初開始綻放，持續四、五天。之後，果實生長要十個月，接著十一月、十二月和一月都是收穫季。

許多村民為了延緩橘子的生長期，故意摘掉早出的花蕊，使之延後到二月才開花。如此，柑橘會比常規旺季晚一個月才成熟，以獲得更好的價格。村民說，他們沒有類似的技術可以用來操控荔枝的生長和收成。最後，村民們還指出，上蠟的橘子比沒上蠟的能多維持十天至兩週的時間。柑橘得以擁有較長的保存期，讓這種水果能被運送到更遠的市場。相較之下，成熟荔枝的存放時間則不超過一週，因此市場的空間範圍勢必較小。

不過，美弘村及其鄰近一帶的柑橘園覆蓋面積快速擴張，卻讓許多村民擔心。

他們擔心近年的持續擴張，一如早年荔枝生產過剩，將導致利潤下滑。二〇〇四年的夏天，幾位村民就已未雨綢繆地討論對策，以應付這個潛在問題。某天，晚飯後我逛到年輕的企業家黃先生家時，已有幾位他的鄰居聚在他家客廳聊天。他們談到今年荔枝價格持續下降，已瀕臨無利可圖的狀況，勢必得另找出路。柑橘的快速擴張，不久可能會重蹈荔枝的覆轍，除非他們能想出別的保存方法，或加工提升其價值。黃先生提出建加工廠，生產濃縮橘子汁或水果罐頭出口。另外兩名村民梅先生和彭先生則主張從臺灣引進香吉士橙，以取代柑橘。彭先生的媳婦來自臺灣，那年夏天她確實從臺灣帶了五公斤的香吉士橙種子回到美弘，並詢問我：「這些種子長成樹苗時，是否需要嫁接？」從生產成本來說，若能將種出香吉士的分枝轉接到既有的柑橘樹上，可以加速其擴張的數量，並加速其成長的時間。

考量到柑橘的產量不斷增加，前村長黃先生，也是村內罐頭工廠的業主，在二〇〇五年夏天便開始從事出口業務，將新鮮橘子販運到曼谷、香港、新加坡和中國南方。他告訴我，不久的將來他還會為工廠增加兩條新的生產線，規畫之一是處理新鮮橘子出口的打蠟設備，之二是製作橘子汁的濃縮設施。如此的遠見顯示雲南華人並非自給自足的農民，而是農民企業家和投資者，他們的目標是維持利潤並將之最大化。

圖 2.1　村尾山坡上的柑橘園和荔枝園
圖 2.2　村外季節性作物：高麗菜（近處），玉米（中間）、芒果（最高處）
圖 2.3　山坡上的柑橘（近處）和芒果（遠處）
圖 2.4　一位村民在田地除草。高麗菜（近處）、荔枝（中間）、玉米（最高處）。

投資和養護措施

一九六四年，雲南華人剛開始在美弘村定居時，有少數泰國和甲良族稻農住在山腳下，刀耕火種的傈僳農民則在周邊山坡地耕作。到一九八一年，當村民取得泰國的公民身分或合法居留權後，便向傈僳族、鄰近泰國人和甲良族購買土地。例如，彭老先生在一九八二年獲得合法居留身分之後，便以二萬泰銖向山上的傈僳族農民購買一百二十萊的土地。他說，他的土地現在能賣一百二十萬泰銖，不過在法律上他還沒有正式的土地所有權，理由下面會有更詳細的說明。美弘村山地農場的擴張使得大部分的傈僳族遠離華人移民，遷移到更深遠的山區。

一九九〇年代初，在泰國政府開始嚴格執行林地使用的限制之前，村民可以隨心所欲地選擇山坡地耕作。他們首先砍除原生植被，以確立使用權。這種使用權被其他村民承認，並且如同其他商品或財產，可以進行交易和遺贈。

岳先生是一位技術純熟的農民。他說，選擇最適耕種的山坡地，牽涉到幾點要素。例如，坡度不能太陡，要能允許種植者或照護工人上下移動。此外，灌溉用水的供應必須充足。不過，即使坡度不是太陡，且有水可用，土地若是朝北，仍然可能不適合農作。朝北山坡意味陽光照射不足，尤其是冬季，會導致歉收。面西的山坡比面東的好。朝東的山坡只有在中午前能曬到陽光，但是這幾個小時的輻射和熱能並不足夠，也會導致收成不好。不用說，一般而言，朝南的山坡是最理想的農地。

一九九〇年代初，泰國政府設立皇家林業部，開始強制執行國家森林農地開發的禁令，針對所有現存的山地農場進行測量和記錄，林業部門亦未批准現有業主的土地所有權。[18] 新政策令許多買下且持續在山坡地種植果樹的村民十分焦慮。山腳下有法律權狀的耕地，每萊可以售得十萬銖，而山上無權狀土地的價格每萊約一萬銖，僅所有權耕地的十分之一價值。以彭先生的情況來看，他在一九八二年所購買一百二十萊的山坡地，因為沒有正式權狀，估計價值在一百二十萬泰銖。若是他擁有正式的土地權狀，這片土地價值可能會增加十倍，漲至一千二百萬泰銖。

儘管如此，山地果園的高生產利潤，仍使得美弘村及鄰近土地的價值大幅提升。村民們不僅提高坡地水果的產量，還向泰國農民購買低地稻田轉作果園。上面提到的黃先生是村裡的年輕商人，從馬鈴薯批發貿易和洋芋片的生意發了財。二〇〇四年的夏天他曾跟我討論在村裡增建濃縮橘子汁罐頭工廠。前一年，即二〇〇三年，他買了一百多萊的農田，大部分是在村子周圍的低地水稻區域，並僱用超過四十位的緬甸難民到他的橘子園工作。他最初投入的資本，大約每萊土地超過十萬泰銖。另外，為了照顧樹苗，他又安裝了每萊要價二萬銖的自動噴水灌溉系統。總投資額超過一千二百萬泰銖。

為了維護不斷增加投資的貴重山坡農地資產，養護措施就變得至關重要。雲南華人常見的做法是，沿著山坡建造梯田，以促進作物生長和防止水土流失。有幾位農民在不鑿穿山坡表面的情況下，還蓋了水泥渠道，來引導水流到較低窪土壤和鄰近的小溪中。果樹周圍的草叢和灌木叢則要定期修剪，但不能移除。野草和灌木叢長得太高，可能藏有老鼠，會吃掉水果還會破壞其根部系統。可以用毒藥或誘捕來抑制大鼠。定期修剪草叢能使果樹根抓牢表層土壤，防止水土流失。除草劑面世後，全村的農戶都曾嘗試用之控制或延緩野草和灌木叢的生長，並節省修整的勞動力。不過，他們也指出，這樣做仍需顧及保護表土，避免破壞植物根部系統。只有在確定除草劑不會傷及果樹後，這種做法才逐漸為村民接受。

另一種常見的養護措施是，每當澆水和施肥時，就在果樹的周圍挖個淺坑，以穩定水分和肥料的保存。雲南華人的這種做法，讓清邁大學土壤學者 Mattiga Panomtarinichigul 教授感到驚奇，她表示從來沒有看過其他山區族群使用這種方法。

依此方法在果樹周圍施肥，無論是化學肥料或牛糞，根部的肥料就不容易被地面徑流沖走。上述這些新開發的山地耕作方式，使得農作更具生產效益與環境永續性，在整個泰國北部山區逐漸風行。

勞動力和山地農場的管理

雲南華人擁有的農場經營管理能力及信貸關係，對這個地區的影響很大。他們謹慎計算農業生產投資、支出和市場價格，並推算每季收益。荔枝園和柑橘園剛開始都需投入大筆資金以購買土地、樹苗和肥料，還有安裝灌溉設施、僱用勞動力的成本。荔枝樹需要五年後才開始大量結果，柑橘則要兩年。這意味著村民投資種植這些作物，必須在沒有收入的情況下等待，幾年後才能收成。

山區耕作的另一項要素是勞動力的投入。由於美弘村民逐漸衰老，而他們的孩子也多遷徙到臺灣或泰國的大城市，因此他們必須尋找替代工人，以填補勞力空缺。過去四十年來，緬甸東北部因為政治動盪產生無數難民，正得以滿足美弘農民的需求。[19]緬甸山區的部落民族，如佤、撣、甲良、拉祜和孟族，一直有人越過邊界投靠泰國。因為美弘村鄰近泰、緬邊界，往往成為這些難民抵泰後的第一站。

美弘村民在離開中國前，就已擁有廣博的少數民族和山地部落知識，如同安·馬克斯韋爾—希爾（Ann Maxwell-Hill）所清楚指出的：「雲南人在家鄉生長於文化和語言的多樣性之中，而泰國北部在這方面並沒有很大的差異。」[20] 因此，他們得以運用這些既有文化知識，來僱用其他少數民族為農工。一般而言，他們樂於僱用那些他們所稱的擺夷人。「擺夷」無疑是雲南華人使用的一個貶義詞，通常是指傣族，或是緬甸東北的撣族，在族群分類上兩者都是泰國人的「遠親」。

村民表示，擺夷人一般個性溫和，不像緬甸人或佤人的脾氣不好。擺夷人努力工作，學習速度快，村裡的農民教他們如何混合及運用化學農藥和除草劑的基本技能、灌溉時間和果樹修剪、如何檢測和診斷植物病害。村民甚至放心地將整個農場經營責任委託給擺夷農工，偶爾才到果園督察一下。

由於許多擺夷農工是非法進入泰國，他們並不能像一般居民一樣合法地住在村裡。於是，美弘村民便為他們在山上搭建簡易房舍或工寮，並支付每月約三千泰銖的工資。當雇工想越過邊境回家或探親時，雇主則替他們的農工保管這筆錢，並告訴他們累積的總額。這在美弘是很常見的做法。

村民說，年輕的擺夷夫婦是最好的農工。他們願意努力工作，把錢存下來或是幫助邊界另一頭的親人。一般而言，有妻子的男工較不毛躁。此外，如果男工花太多錢喝酒或賭博，雇主只需要告訴他的妻子，這個問題很快就可以解決。因此，這種僱傭關係往往得以維持長久。美弘的雲南人對待擺夷農工，有時就像對待自己的家族成員一樣。每當泰國政府宣布非法移民的大赦計畫時，雇主就會為農工申請合法身分，以確保他們能長期工作。雙方互惠互利。

根據查巴干縣府的官方紀錄顯示，二〇〇四年七月時，有一七八八位緬甸難民（九七四位男性及八一四位女性）居住在美弘村附近。我相信這個數字甚為可靠，但我不清楚難民內部的族群比例，如緬甸人、佤人或擺夷的比例占多少。

評估環境永續發展

透過系統的田野調查，對泰北雲南華人的山地耕作模式在環境永續性方面的客觀評估，一直是本研究追求的目標。二〇〇三年八月至二〇〇四年七月，在清邁大學土壤學系Mattiga Panomtaranichagul教授的積極主導下，我們在美弘村周圍農地進行了貫時性的定期採樣。我們將村子附近的土地利用標示為五大類型：（一）玉米；（二）荔枝；（三）柑橘；（四）芒果；及（五）再生林，並分別選定代表上述類型的五個集水區為樣本，定期蒐集相關資料。

這個計畫在下列期間採取土壤樣本，並對土壤的物理和化學性質進行分析：二○○三年八月八日至十一日、二○○三年十月二十二日至十一月二十四日、二○○四年二月二十一日至二十四日，以及二○○四年六月十日至二十四日。每個採樣期都取得零至二十公分和二十至四十公分深度的土層，以便對土壤的物理特性進行分析。為了確保抽樣具有代表性，坡地上層和下層都分別採集資料。[21]如前所述，雲南華人為了涵養水源和保持土壤肥沃的目的，在果樹周圍挖了淺坑。為了瞭解這種做法是否對永續性會造成影響，我們也在淺坑的內部和外部都分別取樣。

在研究期間，我們也測量過四次土壤含水量以取得基本資料。調查團隊在每個農作區選擇五至八個點，使用取土鑽採集，零至一百公分每次間隔二十公分，共五個深度範圍的土壤樣本。以相當於每一百公分的深度計算土壤中的儲水總量。二○○四年二月和六月，共測量兩次森林土壤含水量。此外，二○○三年十一月到二○○四年六月之間，針對水、雜草和溪流沉積物採樣三次，進行有毒物質分析。測

圖 2.5 我們在美弘村的三個研究點

圖2.6　新開墾的柑橘園
圖2.7　芒果園
圖2.8　山坡水果園：
荔枝（最底下）、
芒果（中間）、
柑橘（最上）。

量水質指標為：氮、磷、水的硬度、生化需氧量、酸度和鹽度。

由於蒐集這些技術性的數據和貫時性的研究分析非常複雜，且過於專門，因此我不打算在此細述，[22]僅提出部分的資料，就足以顯示我們對美弘村山地農作制度的實用性和永續性的瞭解。根據我們蒐集的數據顯示，在此期間，本地農作確定的四個發展趨勢為：第一，在熱帶雨林所做的農業土地利用，包括雲南華人的山區耕作方式，若與周圍的再生林相比，顯然在土壤的物理和化學性質上，造成一定程度的惡化。若與四種山地農作類型相比（玉米、荔枝、柑橘、芒果），再生林土壤具有最佳的性質，包括高量的有機物質、穩定的聚集物、滲透率、蓄水率等。換句話說，如果沒有人口壓力且不需開闢山坡作為農業用途的話，應該盡一切努力來保護原始森林或再生林（見圖2.9）。

第二，比較四種山地農作制度時，果樹很顯然比季節性農作物更具永續性。事實上，果樹愈老，土壤的剖面結構愈佳。在美弘村，大多數的荔枝果園已經種植超過二十年，相較於五、六年的芒果和橘子，荔枝園的土壤深層剖面往往有最好的物理和化學物質。而種植玉米，會造成表土層變薄以及土壤質貧瘠。這個研究顯示，如果人口壓力或耕地稀少迫使農民不得不往泰國北部的山坡地耕作時，政府或發展機構應鼓勵農民種植多年生的木本植物，因為它們比季節性作物對環境更有利，更具永續性。

我們的研究得出的第三個結論，特別針對雲南華人在山區耕種所運用的文化知識。圍繞果樹周邊挖坑是一項實用的土壤和水資源保護策略，但是，這種做法需要從種植的凹坑移除表面土壤層。當挖出淺坑後若不加以覆蓋，會導致土壤因過度除草以及供過於求的化肥和灌溉水量而變得貧瘠。我們比較作物的坑內、坑外土壤質量，可以從圖2.9和2.10看出（荔枝—坑內與荔枝—坑外或芒果—坑內與芒果—坑外），坑外土壤結構始終較坑內土壤結構更佳。換句話說，雲南華人所使用的這些傳統做法，實際上可能導致土壤表層結構變差，造成滲透率低和通風不佳，植物養分不均衡，永續生產力隨之下降。

最後一個的研究結論是，由於農民過度使用化肥和農藥，使得周邊溪流有一定程度的水汙染。不當使用市面上銷售的化學物品，可能造成氮、磷、有機磷、砷的殘留，並在雨季直接流入附近的溪流和小河。儘管大多數汙染物的含量（除了鉛）仍低於飲用水的殘留標準，但出現高濃度的鉛，就是一個明確的警訊，除非妥善補救，村裡的飲用水可能危害村民健康（見表2.2）。

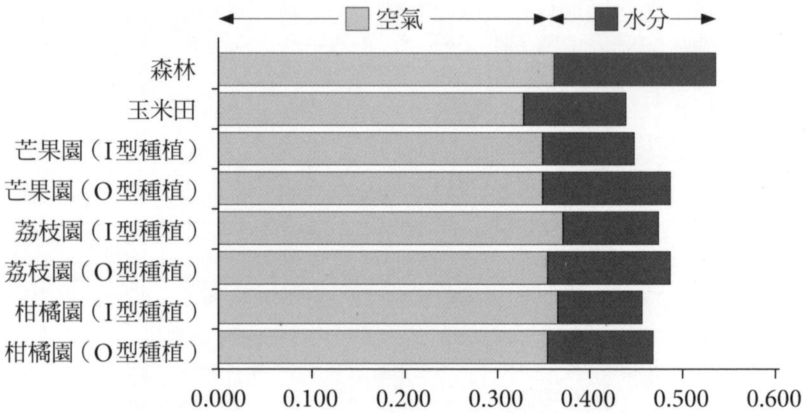

圖 2.9 根據檢測，森林土壤中的空氣和水分滲透率最好，其次為芒果園和柑橘園，而玉米田是最差的。I型（坑內）為一般種植方式，O型（坑外）為在樹木與土壤接觸的地方，挖一圈盆狀凹槽容納肥料、匯聚水流。（本資料採樣期間為 2003/10/24-2004/6/13，土壤深度為 0-40 公分，橫軸單位為 m^3m^{-3}）

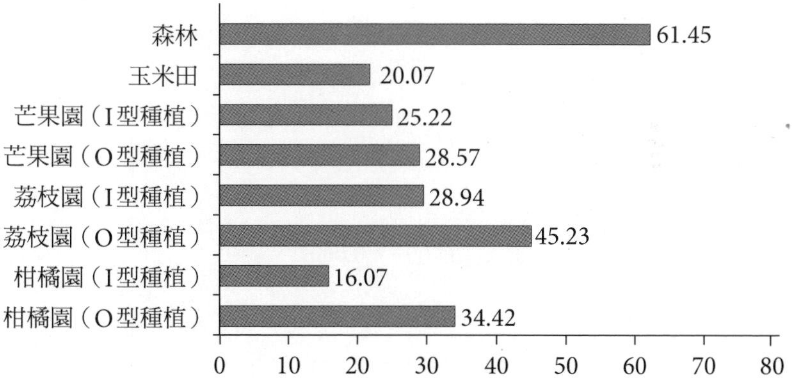

圖2.10 不同土地使用的穩定滲透率（Steady Infiltration Rate，本資料採樣期間為2004/6/11-14，橫軸單位為cm hr^{-1}）

表 2.2 雜草和溪水中的化學毒物

		雜草中的有毒物質			沉積物中有毒重金屬元素		
採樣日期	採樣地點	有機磷	有機氯	除蟲菊酯	砷 As	鉛 Pb	汞 Hg
		mg kg^{-1}	mg kg^{-1}	mg kg^{-1}	ug kg^{-1}	mg kg^{-1}	ug kg^{-1}
2003.11.24	山坡下排水道（站點一）	0.000	0.000	0.000			
2004.2.21	溪流旁側（站點一）	0.000	0.000	0.000			
2004.6.11	荔枝果園水道（站點一）	0.000	0.000	0.000			
	溪流旁側（站點二）	0.010	0.000	0.000			
	較低的溪流沿線（站點一）	0.000	0.000	0.000			
	溪流底部與旁側（站點一）	0.000	0.000	0.000	0.65	16.16	0
	食物和飲用水的殘留標準	0.050-0.100	0.050-0.100	<0.050	0.05	0.01	0.005

說明：採集每一公斤（kg）標本中所含的有毒物質（公克 mg；1kg = 1,000mg）或重金屬（微克 ug；1mg = 1,000ug）

資料來源：從 2003 年 11 月至 2004 年 6 月，於泰國北部清邁省查巴干縣美弘村採集。從荔枝果園的山腳下開始，沿著河流行經路線的沉積物、在雜草間所測量到的有毒物質和有毒元素（重金屬）所累積的平均值。

* 植物樣品取自河流側壁和排水通道。

** 沉積物樣品取自河流沿線和排水通道的底部。

圖2.11 清邁大學學生在練習採土

圖2.12 學生用試管採土

美弘的副業

與一般農業社會一樣，美弘村農民的勞動力在農忙與農閒之間的差異很大。這也導致農民在農閒時，需找到其他生產方式或副業，以增加家庭收入。就此而言美弘村也不例外，除了耕作，很多男性村民也有副業以補貼家用。有些年輕人用銀行貸款購買貨車或小卡車，使用車子載送學童或山區農產品來增加收入。即使當他們在農地工作時，許多村裡的男性（有些女性也一樣，雖然她們的人數要少得多）會密切注意村內及附近其他可能的短期工作機會。在山上各種作物，如竹筍、生薑、荔枝、龍眼、馬鈴薯的收穫季節，村民們會向農民大量採購這些作物，並運送到附近的批發商或工廠，以賺取利潤。每當有村政府宣布公共建設工作項目時，也會吸引村裡許多男人前往打工。

許多村中婦女從事食品加工以賺取工資。例如，在荔枝（五月底、六月和七月初）和龍眼（七月下旬和八月）的收穫季節，村中婦女會聚集在鄰居的院子裡剝果皮和除果核，並將孩子帶在身邊。工作的安排方式大致如下：一名村中婦女若有幾位女性親屬（如女兒、媳婦、丈夫的姊妹或兄弟的配偶等等）或好朋友，且有個足以容納多人和她們孩童聚集的大院子，便可以擔任承包人，替一家當地的工廠做委託加工。

我在田野期間，住在報導人李先生家時，每日清晨五點，承包人或她的丈夫（或兒子）就會開著卡車，從當地工廠載運裝著荔枝或龍眼的塑膠箱，交給正在他們家中庭院裡等待的婦女。每個女工會帶著一個塑膠或錫做的大水盆，盛裝處理過的水果，還自備一個小木凳。一旦盆子滿了，會由承包人秤重並記錄下來，而去皮去核後的水果，則被儲存在原來的塑料箱。晚上，處理過的水果會由承包人運回工廠，以裝罐或烘乾。工作時，承包人會提供女工飲水和如廁空間，並看顧她們的孩子，以免小孩在街上亂跑或受傷。承包人的另一項任務是，工作一天結束後必須清理果皮、果核。

二〇〇六年，村裡婦女為荔枝或龍眼去皮、去核，每公斤可以賺取五泰銖。一名熟練的女工每天大約可以處理三十公斤，收入即約為一百五十泰銖，大概相當於一個農地工人一天的工資。每天工作結束後，婦女便以單據記錄成品的公斤數，和未付的金額總數。產季結束後，女工們向承包人索取紀錄單，承包人從工廠收到現金後，再支付工資。

二〇〇六年，美弘一般承包人的收入是，她能從一公斤的加工水果獲得六銖報酬。這意味著，在承包人支付給女工每公斤五銖後，她能從加工水果中，每公斤賺取一泰銖。如果她當天有十名工人，每個工人處理三十多公斤，她就可以賺取三百銖，比起普通工人的工資多了一倍。然而，她必須從她的收入中扣除其他附帶開支，如卡車或汽車的汽油、燃料和飲用水，以及她監督工作業務和照顧女工小孩的勞力。

在美弘村，大量使用信貸的做法相當普遍，且有重要影響。附近許多泰國村民如今也會帶他們的農產品到美弘銷售，如桂圓或生薑，他們通常會拿到村裡的食品罐頭公司，或由中間人開立支票。這些交易不僅使得泰國農民與全球消費市場連結，美弘村民還介紹他們使用信貸。美弘村民常用銀行信貸來購買農用設備、汽車等家用物品，與雲南華人有密切接觸的泰國農民也開始普遍這麼做。

小結

美弘村的離散華人社群在此地建立起特有的農業生計，具有局部環保、經濟健全等優點。這些成就大部分仰賴他們來到金三角地區以前即擁有的文化知識，包括山地耕作、農作物選擇、金融管理和族群往來經驗等。他們對於儲蓄和投資的金錢敏銳度、建立人際網絡的能力，以及與其他華人移民、山地族群（如擺夷人）的交往，對於他們的行動極有助益。不過，另一方面，雲南華人的成功卻可能建立在其他群體付出的代價上，如利用泰國人、傈僳族、甲良族、撣族等廉價非法勞工和低價購買山地農場等。就此而言，贏家和輸家我們同樣都須評估，以判定這個特定制度的永續性。當然，永續性問題對不同群體和時間範圍有著不一樣的影響，值得後續研究。

目前為止，我們在美弘村所見到的山地農作制度，是否能作為一種發展模型，讓其他的山地族群仿效，以改善生活？從技術面而言，這個山地耕作方案易於移轉和學習，從美弘村民僱用的擺夷農工很快即習得技能可知。但是，在其他方面，比如長期規劃和投資、勇於嘗試新作物品種和技術，也就是這種農作制度所需的另一種文化實作層次，則可能不那麼容易被轉移或接納。與雲南華人相比，其他山地部落可能沒有足夠的資金投資自己建立的山地農場。同樣的，雲南華人會與其他華人移民群體建立互動頻繁的民族網絡，藉此學習新的經營管理方式，或取得新的技術。這對於其他山地部落而言，可能並不容易做到。

這個山地農作制度之所以成功，另一個難以複製的是緬甸難民的可利用性，他們持續為雲南華人經營的農場提供穩定而廉價的勞動力。美弘村雲南華人的成功，在一定程度上是建立在運用其他弱勢群體的能力來從事生產。不過，自由主義經濟學家可能會說，雙方之間的任何契約關係，是通過有益於兩造而共同協商建立，沒有這些就業機會，這些緬甸難民可能會入不敷出，面臨更大的困境。

因此，永續發展的問題，必須回到本章開頭所提出的疑問：我們的分析標準是什麼？從誰的觀點出發？我們要面對的只是美弘的雲南華人？還是該地馬賽克般的多元民族，包括華人還有華人每天生活中打交道的其他族群？當我們使用學術術語如「永續農業生計」時，我們是從雲南華人、撣族，還是主掌泰國經濟開發的官員角度來看呢？

根據本計畫研究結果，另一個值得思慮的議題是，目前泰國皇家林業部門對利用森林的山區農耕的限制，是否恰當。改善山地部落的生活水準，一直是泰國政府所關注的重大問題。為達成根除金三角地區鴉片生產和貧窮的雙重目標，透過引進另一種生活模式，即以木本作物替代熱帶雨林，已被認為是一個可行的永續選項。[23] 如果修改目前的山地耕作限制，雲南華人的山區果園收入即能大幅度成長。一旦能成立果園土地的法定所有權，泰國政府便可徵收土地稅及財產交易稅，以增加政府收入。同時，給予合法土地所有權將鼓勵增加山地農場投資。具生產力的山地農場起了火車頭作用，不僅可以解決山地部落之間的失業貧窮，也可能為進入國際市場的經濟作物產品及其加工品保持較高的產值。

最後，在知識論的層面上，我們可能會質疑永續農業和生計，是否確實能成為農村地區的發展目標。永續農業的概念，作為與資本密集型農業企業生產對抗的主導理想，在西方已經發展超過三十年；這個概念已在有機農業、環境保護、技術中介、社區糧食自給、農民市場的擁護者之間扎根。如何結合環境保護與工業化農業生產的平衡，也引起國際學術界的極大興趣。[24]

然而，我們的研究指出，在現實生活中應用這些永續概念時，語意與實踐都有極大困難。當我們在時間與空間上的分析單位尺度，從一個層次轉換到另一個層次時，雲南華人山地農場的效益便產生變化，包括我們用以分析的實用性角度。這意味如果我們希望未來農業的永續發展能成為一個可行的選項，那麼仍然有很多問題需要仔細梳理。

另外，自一九九〇年代末，「發展」這個概念已經在西方學術圈引發很多爭議，也指出歐洲和北美的農業發展模式不一定適用於其他地區。主要爭議是指出，一個以「發展」為目標的社會藍圖，其概念在後現代和後殖民時代已受兩個不同來源的學術挑戰，質疑這種以「發展」為主導的社會變革藍本的正當性。第一個挑戰認為，在世界資本主義霸權的主導下所規劃出來的發展方案，不但未能解決第三世界的貧困問題，反而是延續其貧困的原因。[25]他們認為，資本主義旗幟下的援助機構，如世界銀行或美國國際開發總署，其策略長期以來造成持續的世界饑餓。另一個挑戰，則可見於美國無政府主義學者斯科特（James Scott）。他認為，現代主義導向的國家所策劃的農業發展項目，無論是屬於資本主義或社會主義集團，都同樣企圖破壞自然的複雜性、文化多樣性和當地草根人民的抵抗性。當代霸權式民族國家只關心如何建立整體社會的可辨識性，以利政府治理，例如頒發一致性的身分證給轄區內所有公民，或將大地景觀用度量尺或指標（如經度和緯度），區隔成標準化的空間，如高速公路旁的里程標誌。[26]

不過，另一種觀點則認為，上述這兩類立場都稍有偏頗。如荷蘭學者皮特斯（Jan N. Pieterse）指出，援外機構從事的是「根據改善標準所做的集體事務介入」，儘管改善和介入這兩個概念可能「因階級、文化、歷史背景和權力關係而產生變化」。[27]由於皮特斯採取較溫和的立場來面對發展，因而指出，即便在世界最貧窮的國家，其一般的醫療與教育條件，也已在上個世紀獲得明確改善。[28]

發展是一個高度承載價值內涵的概念。拒絕給世界各地窮人一個機會，以改善他們較不理想的生活，如果純粹是因為對此一概念的偏見和疑慮，一如在傾倒洗澡水時，將盆中的嬰兒一併倒入水溝。反之，我們亦可問：如果不想迫使窮人永遠處於這樣的悲慘狀況下，無論是在其生活水準或永續發展方面，我們可以接受哪些內在或外部援助的方法，來改善其現況？如果我們接受某些生產方法可能使他們的物質生活條件得到改善，並減輕生活困苦，同時又能保護自然環境，以及維持一定程度的社會文化自主性和尊嚴，我們也許會審慎同意，雲南華人在金三角的生活模式，稱得上是一個相當接近於研究者所能接受的永續農業生計。

1 Kunstadter 1983: 28; Li 2001a, 2001b; Young 1962.
2 Geddes 1983; Li 2001a, 2001b; Rerkasem et al. 1994; Santasombat 2003; Sturgeon 2005.
3 Young 1962: 32.
4 Auansakul 1995: 33; Maxwell-Hill 1998: 98.
5 Fox 2001; Hansen 1994; Reed 1990; Sturgeon 2005; Young 1998.
6 Anderson 1993; Bates 2001; Fox 2001; Geertz 1963; Santasombat 2003; Sturgeon 2005; Young

1998.
7 Knox 1989; Rerkasem et al. 1994; Wright 1993.
8 Fricker 1998; Gold 1999; Hatfield and Keeney 1994; Helmore and Singh 2001; Roling and Wagemakers 2000; Santasombat 2003.
9 Wright 1993: 451.
10 Anderson 1993; Fox 2001; Rerkasem et al. 1994; Santasombat 2003; Young 1998.
11 Ikerd 1992.
12 Levin 1992; Solow 1992.
13 Helmore and Singh 2001.
14 Young 1962: 84.
15 Young 1962: 32.
16 Auansakul 1995: 33; Maxwell-Hill 1998: 98.
17 Anderson 1993.
18 Santasombat 2003; Sturgeon 2005.
19 緬甸難民越界的討論，可見Feingold 2000。
20 Maxwell-Hill 1983: 131.
21 我們曾在別處發表了相關的詳細資料，可參考Panomtarinichigul and Huang 2007。
22 可以參考Panomtarinichigul and Huang 2007。
23 Fox 2001; Rerkasem et al. 1994; Santasombat 2003; Young 1998.
24 Gold 1999; Hatfield and Keeney 1994; Helmore and Singh 2001; Rerkasem et al. 1994;

Santasombat 2003; Young 1998.

25 Escobar 1994; Ferguson 1994a; Harper 2002.

26 Scott 1998.

27 Pieterse 2001: 3.

28 Pieterse 2001.

第三章

文化再造的日常機制：教育、親屬與儀式

二〇〇五年暑期我在田野調查期間某天，在美弘村中文學校教授英語和數學的小羅夫婦邀請我到家裡吃晚飯。小羅夫婦是香港一個基督教會的傳教士，也義務在中文學校授課。對中文學校來說，能省下這兩位教師的薪水，對學校經費是一大幫助，所以很樂意聘用他們。他們在美弘已超過五年，我很想知道他們如何看這個村子的發展和未來。晚餐席間聊到他們在此傳教的經驗與感想，很令我意外，一向很熱心的小羅夫婦說道，「學校教育教的是一套，學生回到家裡看到父母親的又是另外一套。」他們認為學生面對性別歧視、家暴、賭博、販毒等問題頻繁的村中生活，與中文學校強調的儒家價值良善面有明顯差異。他們下此結論：「在這裡辦教育是不容易成功的。」他們的話令我不禁思索，果真如此，這間中文學校為何存在？真的能達成文化傳承的目標？

本書主要的討論焦點，是關於美弘村及其鄰近雲南華人的山地農作系統，是否符合生態適應的永續發展。前一章討論美弘村民從毒品產製轉型經營熱帶農業的實作面向，如何轉變的內在、外在因素，以及檢視他們的作為是否符合永續農業的理想。此外第一章也談到他們和國民政府之間的錯綜複雜關係。本章則專注討論泰北雲南人的特質，以及他們的文化認同。雲南華人離散人群擁有傳統中華文化基礎。

如何維護這個文化傳統就成為他們主要的關懷。華文教育、家庭結構、日常生活安排和儀式，都構成延續文化傳承的重心，也被他們刻意維護。他們若能維持與當地其他族群不同的文化資本，以建立其農業產銷的利基，這樣的文化資本與維持中華民族的身分及文化認同之間的關連究竟為何？這些都是本章的探討重點。

華人認同的轉變與世代差異

當居住在泰國北部山區的雲南華人愈來愈多時，包括內部自然增長的人口，以及中國文革期間（一九六六—一九七六）和改革開放後（一九七八—）離開中國大陸而加入美弘村的雲南人，他們與其他移民到泰國的華人一樣，都會經歷複雜的個人認同選擇：是否願意保持自己的文化傳統與海外華人的族群認同身分？還是接受一個全新的公民身分認同，放下華人認同，完全融入泰國社會？

華人移民在泰國的歷史悠久，尤其是十九世紀中葉到二十世紀中葉，當西方殖民勢力在東南亞的經濟交流迅速擴張，需要許多工匠、勞工、中間商、零售商等，以應付不斷擴展的貿易。此時，從中國南部和東南沿海地區遷徙而來的華人移民，很快地就在泰國扮演起多元經濟掮客的角色，成功在諸多行業中占有一席之地。[1]

在東南亞，泰國的華人移民頗為特殊，與此區域其他前殖民地的華人離散社群相比，泰國華人一向比較願意接受同化，與當地社會保持和諧關係。學者如巴素（Victor Purcell）、艾斯門（Milton Esman）、凱斯（Charles Keyes）、懷亞特（David K. Wyatt）等已指出此一現象，尤其是人類學者施堅雅（G. William Skinner）提出「同化論」，來解釋華人移民為何能輕易融入泰國社會。[2] 他指出的第一個原因是，僑居在荷屬東印度群島或英屬馬來亞的華人，需要學習的主要是殖民地的官方語言，如荷語或英語，其次才是本地語言。反之，泰國的華人移民與之不同，由於泰國並非殖民地，移民只需要學習泰國官方語言，所以容易與當地人為伍，融入當地社會。其次，早期的泰國華人移民大多是單身男性，他們接受泰國婦女的靈活生意手腕和管理能力，族群通婚相當普遍。跨族婚姻的後代，也讓華人更易於融入泰國社會，亦得以延續華裔血脈。跨族婚姻在東南亞其他前殖民地面臨較多宗教信仰或改宗的限制，如以伊斯蘭教為本的英屬馬來亞、荷屬東印度（即今印尼），或是以天主教為本的西班牙屬菲律賓、法屬安南三邦等。泰國華人則較不受這些限制。

再者，泰國王室長久以來都會賜予各地移民特殊榮譽或崇高地位，包括華人在內，這使得同化具有吸引力，因為其意味著向上流動。最後，泰國文化和中國文化之間有不少的相似性，尤其在飲食、宗教習俗（如兩地皆受佛教影響，主要差別在於泰國是小乘佛教，中國則以大乘佛教為主），甚至於民間傳說，這使得文化轉換更加容易。[3]

值得注意的是，施堅雅的同化論模型假設一個線性的、漸進式的過渡，即從第一代的「華人移民」，到第二代的「中泰」混血，再到第三代的「正宗泰國人」，他認為這是兩到三代就能完成的同化過程。不過一些學者卻質疑這個同化論模型，認為從「華人移民」到「中泰」混血，然後再到「泰國人」，並不像施堅雅所說的是單一線性的發展。如美國歷史學者科夫林（Richard Coughlin）便認為，華人移民同時保有華人及泰人的雙重身分，或「雙重性」，讓他們能輕易地從這一範疇變到另一範疇。同樣的，其他學者也認為，在泰國的華裔族群，應被理解為多元層面的文化認同結構，挑戰施堅雅的單線同化模式。[4]

儘管如此，我仍須指出，許多研究者已討論過，泰國北部的雲南華人與泰國其他地區的早期華人移民有顯著的不同，差異尤其表現在幾方面，例如：（一）起源地。雲南位於中國西南地區，早期華人移民則多為原鄉在中國南方和東南方的廣東人、客家人、潮州人；（二）語言。雲南話屬西南官話，迥異於早期華人移民的語言，如廣東話、潮州話、客家話和海南島的河洛話等；（三）遷徙模式。雲南華人走陸路進入泰國，而早期華人移民則多半經由海路；（四）遷徙時間。雲南華人是在二十世紀下半葉進入泰國，相對於其他華人多半在十九、二十世紀初期移入；（五）移民性質。雲南華人是被迫離開中國，而早期移民則是為了尋找經濟機會而自願遷徙泰國；最後，（六）住居地區。雲南華人多在泰國北部山區農村，而早期華人移民多聚居泰國中部和南部的城市地區，尤其是曼谷一帶。如瑪莉・海德惠斯（Mary Somers Heidhues）曾指出，雲南華人因為位於邊遠地區，易被外來研究者所忽略。[5]

我以為，雲南華人與其他的泰國華人移民，還有一項重要的差異尚未受到注意：他們在意識形態上強烈反對共產主義，是促使他們逃離中國之因。雲南華人來到泰北後，以中華文化傳統的繼承者自居，奮力保護傳統文化資產，並力圖維護心中的理想文化。他們在泰北群居，同質性高，加上軍隊系統的明確軍銜和指揮結構與村里組織重疊，都成為他們能夠複製或再造理想型傳統文化的有效機制。此地雲南華人迅速建立以家庭或社區為基礎的生活方式（如興建祖墳、華文學校、道教寺廟，及其他社會團體），以維繫他們所標示的文化傳統。同時，他們對其他山區民族也抱持明顯的負面刻板印象，這些印象，有些是從他們在雲南時期的族群互動中即已存在。藉由與其他當地族群在聚落上的區隔，也有助於維持自己的民族認同。因此，如美弘村等這種內部自成一格、對外族群邊界明顯的聚落，相較於早期的華人移民社群，泰北雲南華人比起其他泰國的華人移民得以維持更久的華人族群認同。

然而，儘管存在這些差異，雲南華人與早期福建、廣東移民仍具備一些相似的文化核心價值、社會關係與實作，包括父系血統的繼承和親屬關係衍生、婚後從夫居、以男性為中心的性別階層、孝道和祭拜祖先等。這些文化核心價值是在一九三〇年代國民政府推動「新生活運動」，將傳統文化規範化、合理化後，而成為普遍接受的價值觀。為清楚區別起見，在此將這些文化價值觀以「儒家傳統」稱之。[6] 此外，他們渴望且善於推展人際社交網絡，無論是地區性的或是職業上的，[7] 都與所有的華人移民群體一樣，可視為重要的「社會資本」。[8]

的確，如同前述學者所言，族群認同既是多面性，且可能順勢改變，但我們仍然可以研究這些層面是如何組成、排序、操控與呈現。例如，我們或可提問：華人移民及其兒子是否接受泰國當地的慣例，到小乘佛寺當沙彌？何時採用泰國姓氏而放棄中國姓氏？雲南華人及其後代在日常生活中，多久舉辦一次華人傳統的節令、宗教、家族和國族的日常儀式？

同樣的，即使華人移民和主流泰國社會之間的過渡階段，並非層次鮮明的社會分類，如沒有一個自稱為「中泰」混血的人群，但如泰國學者阿瑪拉（Amara Pongsapich）指出，的確有一些中泰混雜的文化形象存在，包括：「第三代和／或第四代華人已經接納中—泰過渡文化的模式，一部分人仍然祭祖掃墓，而其他人則不這麼做。」[9]由於華人同化於東南亞當地社會已有充分的文獻紀錄，像在馬來亞形成特殊的峇峇（Baba）和娘惹（Nyanyo）認同，[10]有助於我們指出雲南華人認同轉變的可能歷程，及其維護族群認同的核心與文化邊界標誌。

研究村落文化的面向與方法

在田野期間，我住在村子裡，鎮日參與觀察村中生活，與村人閒話家常，並正式採訪十多位關鍵報導人，以瞭解村民的日常生活與移民史，探討他們多元文化生活與認同的傾向。我的關鍵報導人全為男性，這與我的資深男性身分與當地文化氛圍有關，公共事務主要掌握在男性村民手中，女性主要擔任後勤與家常的工作。但我在日常生活中偶爾也有機會與女性交談，並參與觀察她們的日常生活。不過，較少有機會與村中女性進行單獨一對一的正式訪問機會。儘管有此性別限制，對於理解美弘村日常生活的公共與意識層面，我仍然有機會發掘四個值得關注的面向，以下逐一討論：

第一，村民積極投入文化再造。以男性村民為主導，自一九六四年建村時，村民就開始創辦華文學校和宗教祭儀方面的社區設施建設（如村廟、墓地），以及其他公共設施，如戲院、市集，以滿足文化精神和物質流通的需求。提供傳統的華語文教育，讓村中青年得以向上流動，例如：日後到臺灣求學，繼續取得大專以上學歷，甚至留在臺灣找工作；或者，藉由多元文化教育，在泰國取得更多語言相關的就業優勢，比起僅接受單一語文和文化教育的一般泰國青年而言，雲南華人青年有機會突破原本的社會劣勢，在異國取得較好的社會位置。一九八〇年代後，在日益全球化的泰國勞工市場，華語文教育不但讓雲南華人青年確立並具象化他們的民族身分，也幫助他們連結其他的華人社群，因而在社會流動上有較為寬廣的出路。我為了研究華文教育在美弘的具體角色與運作，訪談了華文學校的師生和行政人員，也盡可能拜訪學童的父母。

第二，親屬關係的推算、認定、配偶選擇，以及婚後住所，這些面向都可謂儒家傳統文化的具體實踐。美弘村民是否仍遵循傳統華人父系血緣關係的推算與繼承？女人婚後是否依舊從夫居？年輕一代的村民接觸到與華人不同的泰國生活模式，也就是不重視核心家庭之外的親屬關係，這對他們是否產生影響？中國傳統的性別階層制度，即賦予男性／丈夫／父親高於女性／妻子／女兒的權威地位，這種傳統中不容挑戰的權威是否延續不變？對此，我們主要藉由訪談蒐集口述資料，也蒐集包括家譜和祖先牌位等相關文件資料，加以複印或照相存檔。

第三，文化的象徵符號和儀式。在日常的家庭活動、特殊場所或官方正式場合中出現的各種儀式行為，如民間信仰相關的活動，得以清楚顯示文化再造與個人族群身分認同的轉換。我們的提問例如：村民是否定期舉行中國傳統的歲時祭儀？婚喪喜慶等等禮俗場合表現出哪些文化符號？泰國的文化符號或歲時祭儀，是否自覺或不自覺地被納入美弘村的地方習俗之中？雲南華人如何看待泰國僧侶與寺廟？美弘村的父母是否會放棄傳統漢民的大乘佛教，而追隨小乘佛教的實作，將兒子送入泰國寺廟當和尚？為了釐清這些問題，我們以在村中的參與觀察、活動錄影和訪談報導人，來蒐集不同的相關資料及看法。

最後一個關注面向為社會組織。雲南華人是否參加中國各地的同鄉會或同業工會？這些組織的頭銜，是否會被美弘村民視為個人地位象徵和民族認同的標誌？村民如何藉由送禮和宴客來培養人際關係？村民與泰國政府或軍方等社區外部機構的正式互動又是如何？他們如何與來自臺灣和中國的訪客交流，包括官方的、私人的，以及慈善或商業機構？我們採訪同鄉會成員，瞭解他們的生命歷程，以利於釐清上述問題。

雖然儒家思想在馬克思—列寧主義掛帥的中國大陸，和日益全球化的臺灣已不斷衰退，反映出二十世紀後期主流華人社會不斷變化的價值取向，我們卻發現，美弘村傳統社會倫理中的儒家意涵，仍然占據上風。華人的傳統價值觀，如孝順父母、維護家庭凝聚力、男性繼承至上、對長官忠誠、不容質疑地效忠中華民族等，透過各種公開的和私人的實作，如家庭教育、學校教育、日常生活儀式等，滲透村民日常生活的各個面向。顯然，這裡比廣大外界的主流華人社群還要堅持「傳統」，儼然成為一個位處異域的華人文化烏托邦。

在美弘村的日常生活中，世代繼承和親屬推算的父系原則，依然被視為絕對準則：孩子繼承來自父系家族的姓氏和財產，而父親的親屬被認為比母親的親屬更加重要。這種由父權男性掌握，且不容質疑的家庭權威關係，不只存在於家族內部，同時也表現在軍隊的階層關係中。如一九九〇年代中期，人類學者張雯勤在美弘村的觀察：已故的李文煥將軍被視為第三軍的大家長，「一些以前士兵甚至跪下來給他磕頭，這通常是敬重自己的父母、祖父母和祖先的行為。」[11]

一九四九年左右從中國雲南逃到金三角的華人，多半受到強烈的反共意識形態所驅使，不論他們的概念是否正確，他們認為共產主義是一個激進的外來政治學說，主張階級鬥爭與社會分裂，破壞了傳統中華文化，特別是國民政府所推動的儒家倫理規範及其生活方式。儒家思想是傳統中國文化中的一種世俗人文主義，主要關注於培養人與人之間的合宜舉止，以達成社會和諧。它強調位階倫理、互惠對應的人際關係，從父母和孩子之間的「慈」與「孝」，擴展到其他的社會關係領域。上千年來，這種家族模式的行為規範，在前現代的中國漢族社會生活中，占有重要地位。[12]

二十世紀中葉，美國的中國哲學思想家狄培里（William de Bary）曾指出，儒家思想作為前現代中國政府認可的官方意識形態，以三大支柱為基礎：國家行政機構、正規教育與家庭。[13]他認為，當中國進入二十世紀後，帝制行政官僚在面對現代國家治理，即基於專門知識的技術官僚時，儒家思想已趨弱化。再加上以現代西方科學為基礎的教育體制，逐漸取代傳統儒學，二者皆削弱了儒家思想作為一種意識形態的基礎。他認為儒家倫理逐漸被邊緣化，淪為只在家族之內仍具影響的理念與實作。[14]至於家族主義及其相關倫理規範的重要性，例如以男性為中心的親屬關係原則，以家庭為基礎來計算和分配經濟資源，在性別階層中被邊緣化的女性角色，以及在儀式活動中具象化的男性美德和女性自我犧牲等，在中國漢族之間獲得嶄新的倫理意義，二十世紀下半葉的民族誌紀錄中對此已有充分的描繪。[15]本民族誌則以一個全球化下的華人異域為例，亦即非主流的華人社群，來探討這些現象。美弘村民透過對傳統中國漢族道德信條的堅持，以保存和複製一個具象化的儒家思想，建構了三套支配他們日常生活不同面向的措施。這三套措施包括：支持與推廣華文教育，遵循家族主義至上的社會倫理道德，以及季節性和個人生命轉型的各種民間信仰儀式。以下將逐一說明這些措施如何成為村民們具體的生活實作與經驗。

華文學校：華人認同與泰國政治的角力

金三角的雲南人，不論在緬甸還是泰國，普遍重視華文教育，且相當自豪於推廣成果。華文教育，以及使用強調儒家美德（如孝道和人際階序倫理）的課本，都被視為是保護中華文化價值最重要的手段。在田野中，從緬甸東北部果敢遷來的村民毫不猶豫地告訴我，哪裡只要有華人離散人群聚居的村莊，至少就會有一間華文學校，教導學童中華文化的經典知識。一般而言，他們的中文程度遠勝於從雲南或泰國學校畢業的華人學生。

當國民黨軍隊在金三角安頓下來時，他們對傳統儒家經典教育高度重視。美弘村民回憶定居前，在金三角的流浪遷徙過程中，每當部隊要在一個地方駐紮幾天，單位指揮官便會立刻徵詢一、兩位受過良好教育的軍官或士兵，請他教導士兵子女或隨軍眷屬閱讀華文經典。正規教育仍然被視為文化複製的重要途徑，必須全力維護。

一九六五年，美弘村建立一年後，李文煥將軍下令設立中興初級小學。起初，學校有一位老師和二十七名學生。中興小學的第一屆畢業生段先生回憶，學校初創時，村民們清除森林植被，利用砍下來的木材搭建簡單的木屋教室和教師宿舍。隨著從緬甸移來的中國難民快速增加，學校也迅速擴大，到一九六六年時又增加了中學部。然而，由於學校名為「中興」，華文的意思是復興中國，村民擔心泰國當局可能將之解釋為親中的政治意義。為了避免誤解，一九七〇年村民們將校名改為「一新中小學校」。

一九八一年泰國政府授予美弘軍人及其家屬公民身分，一新學校則在一九八二年開始接受臺灣中華民國政府的正式援助。臺灣政府所提供的教科書，具有強烈的反共言論和傳統中國漢族價值觀的明確傾向，被認為是理想的課程教材。此外，除了提供課本教材和教師在職訓練外，臺灣政府每年還提供五十名獎學金給一新中學的畢業生，讓他們可以到臺灣繼續接受高等教育。一九八〇、九〇年代的臺灣正值經濟起飛，這意謂著有大量的工作機會得以提供給在臺灣完成大學或職業教育的美弘青年。多年來，據段先生指出，他不僅是村裡華文學校的第一位畢業生，也是美弘青年中第一位在臺灣獲得學士學位的大學畢業生。至二〇〇八年時，他估計已有超過一千名的村中青年在臺灣生活和工作。

好景不常，一九八六年，一新學校遭受嚴重的打擊。當時泰國採取激烈的民族主義政策，禁止泰國各地不斷擴大的華人移民社區開展自行的教育計畫。於是，原本蓬勃發展的一新中小學被泰國政府接管，改制成泰國的公立學校。美弘村民因為擔心泰國政府可能對他們採取更加激烈的歧視政策，決定隱匿做法，跳過正式的註冊程序，低調地將華文教學轉入地下，在私人住宅中舉辦。同時，為了不要引起泰國當地主管部門的懷疑，村自治會（下一章會再討論）向泰國政府報告，提出開設夜校的計畫，以教導村民學習新興的農業技術。為避免泰國當局發現他們繼續教授華語文，村自治會還在村莊附近安置崗哨，每當有不明人士接近時，哨兵就通知整個社區。遇到這種情形，師生會趕緊收起華文教科書，換成與農業相關的工具書。

如此令人沮喪的局面在美弘和其他泰北華人村落持續了近三年，直到泰國政府到一九八九年開始鬆綁控制。泰國政府的政策之所以轉彎，主要與大環境有關，此時正值臺灣開始發展南向政策，臺灣對泰國直接投資的重要性日益增加，加上中國大陸經濟快速成長，也擴大了與泰國之間的貿易，情勢才有了新發展。鑒於泰國和大中華經濟圈之間的貿易增加，雙語翻譯的需求劇增，迫於國內企業界的壓力，泰國政府開始在重點大學推動華語教學，也准許在中小學階段建立或重建華文補校。

重建一新學校

一九八九年是美弘村歷史上的一個重大轉變。從華語學校被泰國政府接管、改制，到村民重建一新學校，呈現出美弘村雲南人的韌性。

那年，四十歲的黃先生，也是美弘的第二代華人，由李文煥任命擔任村自治會的會長。黃先生具有中學畢業的學歷，是一位有野心、有遠見、有經驗的企業家。最重要的是，他與李將軍的孩子保持密切關係。為了證明他的能力和野心，他提議重建一新中小學校。這個建議獲得廣大村民的衷心擁護，學校便於一九九〇年在村子北方的新址重建。重建的一新學校不僅有新的建築和教室設施，同時也擴增課程規模，從以前即有的幼兒園、小學（第一至六年級）和中學（第七至九年級）等三個部分，還增加了高中課程（第十至十二年級）。這使得一新學校成為泰國北部唯二兩所得以授予高中文憑的華文學校之一。另一所華語高中則是在滿星疊。

在美弘設立的華文學校，是為了配合並補充泰國公民教育體系的課程安排及授課內容。泰國公立學校的上課時間是週一至週五，從早上八時三十分到下午三時三十分。上完泰國公立學校後，學生回家稍作休息、用過簡單的晚餐，便前往華文學校上夜間課程，從下午六點開始，到晚上八點。週六泰國學校休息時，華文學校則安排從早上八點至中午十二點的日間課程。換句話說，比起只上泰國公立學校的學生，就讀華文學校的學生平均每週多花了十四個小時在課堂上。

在課程方面，華文學校特別強調中華文化傳統及實用的華語教學，包括閱讀、寫作與會話。文化和語言在華文學校是最重要的學科，從幼兒園一直教到十二年級。

華文課所使用的教科書都是直接從臺灣運來，傳遞大量的傳統儒家價值，宣揚孝順、誠實、對中華民族與國家忠誠等。學校願意支付比其他科目為高的薪資來吸引這個學科的頂尖教師。

除了華文，其他重點科目還有數學和英語，不論畢業生未來是要前往臺灣繼續念大學或留在泰國找工作，這些基礎科目都很重要。初中和高中學生（七到十二年級）還需學習電腦課程，這個實用科目對未來的就業也相當重要。

進入華文學校的學生每月繳納的學費，由低年級到高年級依序遞增。二〇〇五年時，幼稚園收費每月五百泰銖，一、二年級則為六百泰銖，三、四年級為七百泰銖，五、六年級的費用則跳升至每月一千一百銖。初中生的每月學費為一千六百泰銖，高中則是二千泰銖。

學費差距也反映在教師的薪資上。以二〇〇五年為例，支付給教師的最低標準，是月薪三千泰銖，包括從幼兒園到四年級的教師。但高年級的教師薪資就一路攀升。五、六年級的教師每月薪資為三千五百泰銖。中學教師的薪資則跳升至五千泰銖，高中教師則可領到六千泰銖的薪資。兼行政職位的教師，每月還可多領取額外津貼一千泰銖，學校校長的的薪資最高，每月為八千泰銖。

因為多數的美弘華人是軍人、馬幫商人及其眷屬，當他們在泰國北部定居時，其中僅有少數人具有在華文學校任教的資格，尤其是教授初中和高中階段的課程。因此，教師的一個重要來源便是新近來自中國大陸內地的難民潮，無論是文化大革命時逃離中國的難民，或是一九九〇年代中國改革開放後引發的更大批人口流動。

晚近來自中國的年輕華人，多數是具有高中或大專以上學歷的男性。他們穿越管理鬆散的中緬邊境，然後偷偷轉進泰國北部，在這裡他們尋找願意聘請他們擔任教師的華文學校。有些來自中國的新移民自稱是大學畢業生，能教授高中階段的幾何或代數、英語及華文。由於很少難民會帶著畢業文憑或官方認證偷渡，其教育資格很難驗證。然而，缺乏證書對美弘的華文學校並不構成長期問題。事實上，大多數的中國內地難民僅利用如在美弘的華文學校教書的機會，應付短期的住宿和生活需求，藉以獲得泰國官方的居留許可，之後便會遷徙到清邁和曼谷等大城市（詳見第四章）。

美弘村華文學校教師的月薪並不高，但在此教書其實也不是一個全職工作，因為平均每天只上兩小時的課。大部分定居在美弘的教師還有其他工作，以貼補收入。例如，一對在高中部教授華文和電腦的夫妻，是來自臺灣的大學畢業生，他們擁有自己的山地農場和一間小型的電腦培訓班。另一對來自香港的夫婦，在高中部教授英語和電腦，實際上則是基督教傳教士。還有一位中年的小學華文教師，同時也是村裡的郵差，每週六天投遞郵件。而最近才從中國大陸移居而來的教師，多數並沒有第二份工作，這是因為他們還沒有建立其他生計的管道，也或許是因為他們並未將美弘視為永久的住居地。

二〇〇七年的夏天，我造訪美弘村時，一新學校已有超過一千四百名的學生就讀。大部分的學生是村中子女，但也有一些是來自附近的雲南華人村莊，那裡沒有中學。有村民告訴我，近來附近村莊的泰國兒童，也有不少來此華文學校就讀，他們的家長把孩子送來是為了讓他們學習華語，以提升未來他們在曼谷和泰國南部的就業機會。

村裡很多家長從泰國就業條件的角度，來強調華語教育的重要性。只會說泰語的大學畢業生，若在曼谷的進出口公司擔任職員，每月大約能賺取四千泰銖，而有雙語能力的大學畢業生能輕鬆獲得多一倍的薪資。除了任職於貿易公司外，泰國南部蓬勃發展的旅遊業也創造出對泰、中雙語導遊和旅遊業人員的需求，以接待來自香港、臺灣，以及近年來愈來愈多的中國遊客。

一新中學的學生大部分都是自願入學，他們知道華語教育能為他們的未來帶來更好的經濟利益，父母也願意為了支付他們的學費和雜費做出各種犧牲。然而，還是有少數學童對每星期需額外上十四小時的課感到不耐，尤其是正值叛逆期的青少年。與較少受家庭嚴格管教的泰國青少年相比，華人青少年似乎負擔過重的課堂作業，且更受限於家長的要求與控制。美弘村的父母通常不允許青少年婚前約會和性行為，但村裡的年輕人卻能從同齡的泰國青年和電視上，看到許多兩性親密的畫面。幾位華文學校的高中教師向我抱怨課堂上的紀律問題，他們在課堂上禁止男女學生過度親暱，或懲罰女學生在上課時間坐在男生大腿上，但同學有時會因此報復老師。例如，二〇〇四年有位學生因毆打老師立刻被開除。為了發洩憤怒，這名學生在教室放置了兩枚土製炸彈，試圖摧毀學校，但未成功。其他老師也私下抱怨在課間休息後，會在教室後面發現使用過的保險套。不過，一般而言，這樣的紀律問題在華文學校大多是例外，而非常態。

複製與再造父權家庭

美弘的雲南華人遵循傳統中國漢族血緣承繼關係的慣例，強調父系傳承與從夫居。除了推算親屬關係，父系原則也決定了從父親到兒子（們）延續姓氏和財產的脈絡。家族歷史的世系紀錄一般稱為族譜，按父系的繼承順序來記錄個人，這個書寫系統使得婦女處於從屬地位，界定她們只是男性的附屬品：父親的女兒、丈夫的妻子、兒子的母親。

不但在家族範圍內以男性父權為主，在社會上女性也位於邊緣階層：婚後從夫居，遵守另一個家庭的規範。她們的角色是侍奉丈夫的父母，犧牲個人以維護家族的延續性。這種不平等的性別層階，將各式各樣的痛苦加諸於許多婦女身上，而她們的男人卻可能沉迷於賭博、吸毒、包二奶，以及其他許多不負責任的行為，且不會受到處罰。

這種差別待遇的性別區分，也表現在婚姻選擇的模式上。上攀婚（hypergamy）對於女性來說，是一種根深蒂固的傳統華人慣習。選擇婚配對象時，男性應該優於女性，而非相反。這種價值取向對村民的族群身分和婚姻行為具有顯著的影響，換言之，沒有辦法娶得華人女性的貧困雲南華人，會毫不猶疑地與被認為低於華人的部落婦女結婚。儘管如此，這些雲南華人男性的後代仍會普遍被認為是正統的華人，對此第四章會更進一步說明。

人類學家早已分析在華人社會日常生活中家族至上的意識形態。[16] 在維持家庭完整性和延續性的名義下，婦女不僅接受性別階層化的從屬地位，她們甚至也堅定支持並複製這樣的意識形態。為了充分解釋美弘村民如何營造與複製家族主義與男性優勢，以下我將描述華人親屬制度中的三個面向：族譜編纂、婦女在家庭性別層階化中的從屬地位，以及如何建立大家庭。

族譜編纂

在漢人社會中，無論海內外，一旦他們定居在某個地方，經常會打算建立一個父系為主的親屬團體，稱為「氏族」或「宗族」，而編纂族譜便是其中一個常見的做法。族譜是以男性直系傳承作為正式的歷史紀錄，從一個久遠的神祕開基祖或現居地的開基祖開始，包括所有的男性後裔。通常族譜上唯一面貌稍微清晰的女性，是祖先的妻子——因為她們生養了這個家族的男性後代。一般來說，祖先的姊妹並不包括在族譜內，因為她們屬於丈夫家的族譜，雖然也有極少例外，如下分析。[17]

族譜被認為是家族最重要的傳家寶；一般是由父親傳給長子，以確保家族「香火」的延續。族譜的存在提供了特定歷史情境之下，藉由書面紀錄中象徵性的世代化身，維繫住氏族成員在特定時空中的存在。

然而，並非所有的華人家族或家庭都編有自己的族譜。編纂族譜至少必須具備兩個條件。首先，一家之主（通常是家裡的父親）必須從他的原生家庭取得既有的族譜，以此為基礎，延續擴充。由於大多數的美弘村民是在一九五〇年代以前被迫離開中國，匆促離鄉時少有人會隨身攜帶族譜，加上他們與雲南老家的接觸有限，要取得族譜並不容易。直到一九九〇年代中國大力推動改革開放政策，進入市場化的資本主義現代化時期，泰北華人和雲南老家之間的交流才逐漸開展，許多村民得以返回雲南複印家鄉的族譜，帶回美弘以編製新族譜。

其次，族譜的修纂需要特殊的寫作技巧，因此，村民必須預先付款聘請擅長書寫傳統中文的編纂者，而後者也願意著手進行此項任務才行。印刷新版本的族譜也需要額外資金。因此，一般而言，只有收入豐厚和社會地位較高的家族較有能力支付這些開銷。由於大多數貧窮的士兵只能勉強維持生活所需，編纂族譜的想法遠超出他們的負擔能耐。

準此，漢人社會的族譜就包含三個重要的象徵意義，亦即（一）在社會上樹立家族的地位：族譜表示該家族打算永久定居在這裡，以此確認它作為父系家族子孫後代的創始關係。（二）家族財富的展現：該家族有能力負擔以正式文字形式印製族譜留存紀錄，以供後人記憶。族譜體現了父系在當地的繁衍，基本上可謂解構又建構了時間與空間的限制，成為單一的文字表述。（三）族譜的編纂，顯示男性地位高於女性：正式的親屬關係連結，只通過男丁來展現其上下世代的延續與更迭。遵循理想化的儒家家族慣例，女性的存在是依附在其夫所處的族譜時空標記裡，僅略為提及。如果沒有丈夫，一個女人在現實社會上或宗族的精神世界中，都只是有限的短暫存在。確切來說，如研究漢人社會的人類學者所指出的，她將成為民間儀式中讓人感到害怕、憐憫，以及沉默的孤魂野鬼。[18]

我以在美弘村蒐集到的兩個族譜案例，來說明其重要性和變化。《彭氏族譜》是戶長彭先生於一九九七年所編寫的手抄族譜，共二十三頁。另一份《李氏族譜》則是十九頁的印刷族譜，由李先生於一九九六年編製。不用說，這兩個家庭都可說是財務穩健，高於村中的平均收入水準之上。

《彭氏族譜》依循著一般以中國歷史傳奇為開頭的標準族譜模式（大約公元前二二〇五—二八五二），追溯彭姓祖先為某位遠古英雄。接下來的十三頁記錄其男性子嗣，按造世代順序從神話祖先到後裔；每個條目都提到他們的功勳事蹟，包括特殊的榮譽或所授官銜，以及這些人建立家庭的所在地。這個家族起源於江蘇省，是傳說中活了八百年的道教神仙「彭祖」的後裔。他的一個後代分支在唐朝（大約六一八—九〇五）搬到了江西。幾代之後，另一支後裔又在宋朝（大約九六〇—一二七八）遷徙到雲南，一直到彭先生的父親才來到緬甸。

彭先生於一九三六年在緬甸出生，一九七三年由緬甸搬到美弘。這份族譜包含約三十三代的紀錄：第三十一代的彭先生之後，又傳了兩代。彭先生還提供有關他的三名妻子、三個兒子和四個女兒的詳細資料。他在此解釋自己為何娶了三個女人，主要是因為這三位女人的丈夫作戰亡故，所以跟隨他為妻。族譜中也提及因為他的二兒子有毒癮問題，因而斷絕父子關係。

就像大多數中國的族譜一樣，這個族譜中顯示諸多的疏漏和虛構。對於超過四千年的時間跨度，即使我們考慮到這位神話式的始祖「彭祖」極為長壽，真的活了八百年，這三十三代的每一代，仍然必須生活超過一百年，才有可能延續下來。然而，暫且不論歷史的真實性，這個族譜確立了彭家在美弘村的地位，顯示彭先生是目前的一家之主，是彭姓家族在此的奠基者。

另一個《李氏族譜》所涵蓋的時間範圍較為明確，其追溯李氏後裔是清朝時（大約一六四四—一九一一）從江西遷往雲南。編纂者李先生出生於雲南鎮康，一九四九年舉家搬到泰國。這個家譜包含十二代，李先生是第九代。該族譜的特點是從第六代以降，大約是在一九四九年李氏後裔遷離中國時，也開始列入一些女性後裔及其配偶（但不包括他們的後代，因為他們不姓李）。之所以出現這個變化，可能有以下原因。例如，這個家族群體較小，男性成員也少，列入嫁出去的女兒和她們的丈夫，得以擴增其氏族規模及社會影響力。另一個原因可能是因為雲南常見招贅婚，而納入女兒和她們招贅入門的丈夫，可增加聲勢。另外的可能原因，還包括家族成員分散在雲南、泰國和臺灣等地，記錄婚嫁出的女兒和她們的丈夫成為實用做法，必要時得以追尋其下落。最後一個可能性，我猜測是不斷變化的時代要求。學者們指出在「高度現代性」的時代，其特徵包括蛻除傳統和個人身分的流動性，[19]「後傳統」社會中女兒的地位提升，父權的重要性逐漸削弱，這是在其他華人地區也可見到的現象。[20]

然而，這種「後傳統」的論點，卻不能延伸太遠，因為在這份族譜的「家庭教育」一欄中，仍然明確寫著儒家傳統的價值，開宗明義即規勸：「忠、孝、節、義」。這一欄中也提及李氏所有後代，必須遵循的三項「教條」：在家是好兒女、在校是好學生、在社會是好公民。

對於擁有族譜的美弘村民而言，族譜提供了具有歷史真實性和合法性的父系傳承。男丁姓名被記載於其在世系中的所屬時空，延續直系的生存。記載的方式確立了男性地位在女性之上。不過，族譜也並非完全如此固著，仍得以展現靈活彈性，因應歷史或其他突發事件而有所調整。族譜更是家族道德準則的傳遞媒介，其本質顯然屬於儒家傳統。這個概念符合美國學者狄培里的論點，他認為二十世紀中國所進行的各種現代化計畫，使得家族成為儒家思想僅存的堡壘。[21]

婦女在村中與家中的從屬劣勢

雲南難民於一九六四年建立美弘村時，傳統中國漢族的文化思想準則支撐著他們，讓他們與占領家園的共產黨長期抗爭，同時也提供了堅實的精神支柱。如上所述，具象化的儒家精神基本上是以男性為中心，女性則被邊緣化。早期美弘男性村民的職業不是從軍人員就是馬幫商人，全是由男性從事的工作，這樣的職業文化典範，更進一步強化了女性的邊緣地位。即使在一九八〇年代，村民已完全定居下來，但對軍隊階層與性別差異的重視，依然維持，且被視為理所當然。村自治會的委員都是由李將軍任命，至二〇〇八年田野結束前，從未委任過女性擔任村自治會的正、副會長。在村民會議等公共活動上，婦女被認為不該說話，否則會被批評為「不懂事的婦道人家」，被要求閉嘴。

日常生活中，女性的劣勢社會地位更是明顯。家庭暴力事件只能在女人之間低聲傳聞，因為她們無法求助於村中的正式權威。村裡的男人對此完全不予理會，視之為理所當然的尋常事件。在父系制度下，女人只是丈夫的附屬品，因此如果她的丈夫在她生下兒子之前就去世的話，她可能會失去所有財產，包括住房和耕地。死去丈夫的兄弟可能會突然出現，從她那裡奪取所有家當，因為她不再被視為是父系家族中的成員。

同樣的，在行為方面的雙重標準，也很明顯的是男性優於女性。男性可以從事非法活動，如吸毒、賭博、酗酒、嫖娼、包二奶，甚至是浪擲家產而不受懲罰，也不會引起公眾譴責。但對於女性來說，稍有不合適的舉動就可能激怒輿論，有時甚至引起村自治會以當眾羞辱或罰款的方式懲罰。傳統中國鄉土社會的村里或氏族得以動用私刑以執行鄉規民約的做法，在美弘村依然可見。

在田野中，我曾蒐集到一九九〇年代發生的兩起實例，充分展現美弘村對女性的歧視，至今村中婦女依然經常私下議論。第一起事件發生在一九九六年，一名被指控為淫婦的村婦，她的丈夫吸毒，且從來沒有將軍隊發的薪俸拿給她，以照顧她和五個孩子的生活。為了養活自己，這名婦女便用一輛舊的小貨車作為生計工具，運送貨物和接送人們來賺錢，她為此僱用了一名其他村子的男性雲南華人來擔任司機。後來，這件事讓村自治會知道了，堅稱這個女人與僱用的司機有染。村自治會投票表決後，決定採取懲罰行動。她被傳喚到村自治會的會議上，在那裡被強行戴上手銬，將她的頭髮剃光，然後以小貨車繞村遊行，並大聲廣播公開地譴責她。同時，被指控是她的情人的男性司機，也被趕出美弘，丟了工作。

第二起事件同樣是關於被指控為不貞的女人。從我所交談過的村中婦女角度來看，這個女人的情況比起前一個案例更為荒謬。這名婦女在一九九〇年代初嫁給她的丈夫，婚後夫妻與公婆一起生活。當她的丈夫去臺灣找工作時，因故被判入獄六年。在此期間，她細心照顧公婆，就像一般孝順的媳婦被認為應該做的。一九九七年，她的丈夫出獄回到美弘。她很快就懷孕了，但在孩子出生之前，她的公公和丈夫在一個月內相繼過世，她盡心竭力為這兩名過世男子舉行了體面的葬禮。未料此時，她卻面臨丈夫的兄弟試圖奪走她的家產。所幸，她的兒子適時出生了，才化解危機。因為有了兒子，她正式屬於這個父權體系中一名男性繼承人的母親，因而有權保有家庭的房產與土地。

不過，三年後，即二〇〇〇年，這名婦女的婆婆去世後，她決定再婚。透過媒人，她嫁給一名緬甸華人。但這個再婚案激怒了村自治會的領導，指責她是淫婦。她被傳喚到村委會的會議室，立即被戴上手銬。對於被控不忠，她反駁道：「我是個女人，需要丈夫的照顧。我的先生死了，村委會裡有誰會幫忙養我嗎？既然沒有，憑什麼說我是淫婦？」村自治會的領導對她的直言不諱更加感到憤怒，當場打了她幾個耳光，然後轉頭要求其他委員會成員也照做。但其他人似乎很同情她並沒有加入私刑。由於當時對這名婦女的指控未獲村民支持，村自治會的領導才不得不釋放她。

在這種基於性別歧視的家庭層階關係中，丈夫和兒子經常被縱容，而女性則沒有出錯的餘地。她們被期待婚前孝順父母，婚後對公婆一樣孝順。此外，她們必須為丈夫守貞，準備好在必要時自我犧牲。正如早期關於臺灣和香港的民族誌所描述的孝順女兒或順從的妻子，被債務纏身的父親或丈夫強迫到生產線工作，甚至被推入火坑，[22]類似的情形在泰北也不斷重演。

這樣的男性中心統治層階，正如人類學者譚少薇（Siumi Maria Tam）研究香港華人家庭所見的「父權世界」，在中國的傳統漢族文化中勢不可擋。[23]甚至在中國經歷了一九四九年後的激進革命運動，這種意識形態仍然難以撼動。[24]中國改革開放後看似所向無敵的資本主義市場經濟力量，對此的影響也是非常有限。諸多中國研究顯示，即使在目前市場經濟中，女性已獲得較好的社會地位和經濟自主權，但相較於她們的兄弟或丈夫，她們仍很少質疑或得以轉變自己的劣勢地位，泛見於不同地區的華人社會。[25]更何況堅守傳統的美弘村。

老一輩的美弘村婦女，在很大程度上，和中國或臺灣的婦女一樣，承受惡劣的社會經濟處境，特別是在一九五〇和六〇年代，她們這群家眷跟隨軍隊一路跨越邊境時，生活肯定極為困苦。她們回憶道，當年與敵人正面交戰時，不只軍隊要奮力殺敵，這支帶著家眷一起遷移作戰的非正式軍隊，眷屬也得同時投入搬遷，配合軍隊指揮命令，隨時準備收拾家當，隨部隊遷移。即使在今天，許多婦女回憶起她們定居後，如何一手帶大年幼的孩子和照顧公婆，在園子裡的一小塊地種菜以養活家人，養雞或豬以貼補丈夫微薄的軍餉。這群婦女眷屬的刻苦耐勞、智慧機警、不屈不撓，顯然不亞於作戰的軍人本身。

較為諷刺的是，這種傳統中國漢人家族制度與歧視的性別層階，卻是由受辱的妻子（相對於她的丈夫）、盛氣凌人的母親（相對於她的兒子們），以及令人敬畏的婆婆（相對於她的媳婦），扮演著主導且關鍵的角色。因為被迫遷離中國的原生地區，美弘的第一代女性從來沒有機會依靠自己母親的「子宮家庭」，以獲得社會或情感上的支持，這是由盧蕙馨（Margery Wolf）在臺灣農村婦女之間所發現的概念。[26]然而，儘管這些婦女跨越邊界時和定居後展現足智多謀與韌性，在我的田野觀察中，卻很少看到如張雯勤所描述的樂觀現象：「（當）面臨特殊情境，雲南婦女經歷多次遷徙，她們的認知體系和身體實踐，不斷迫使她們改變。多次的遷徙，培養出她們的獨立自立。」[27]我很少見到美弘婦女，勇於公然違抗父權家庭、家庭性別層階、貶低其地位的父系意識形態，展現自主自立的身體實踐。相反的，當地位低下的妻子或媳婦成為霸氣的母親或婆婆時，她反而會積極認同參與、成為男性主導風氣的推動者。人類學者譚少薇也提到在香港的類似情形。[28]從受害者轉變為加害者，必然得經歷觀念上的認知變化與自圓其說，這個曲折的心路歷程值得有興趣的研究者探究。

建立大家庭

在美弘，村民視遵循具象化的儒家倫理規範為準則，並據此建立理想的大家庭。只要父母還活著，理想的大家庭就包含創立家庭的父親、嫁入的母親，以及所有男丁及其直系親屬（同樣的，還有繼續嫁入的妻子和子女們），居住在同一個家戶內，共同分擔家庭開支、參與家族儀式，並努力維護不分家。換句話說，和傳統的漢人社會一樣，理想的家庭是以父系血緣關係組成，有兩代以上親人和超過一對的夫妻共同生活。[29] 在父系家庭中，所有的女兒都會出嫁，而兒子將從其他家庭娶妻進來。

然而，實際的華人民族誌研究多已指出，這種大家庭往往只是理想，而非一般家庭的現實生活情境。[30] 美弘村和其他地方的華人社群一樣，村民也想世代擴張，卻無法建立起理想的大家庭，這並非因為父母對此不關注或努力不夠。只要他們負擔得起，村裡的家長都會盡量讓自己的兒子、孫子，以及所有男嗣住在同一個家戶內。但是，由於現實因素，例如兄弟姊妹的競爭，婆媳或妯娌間的衝突，甚至是為了達到經濟多元化，通常大家庭最後都會分成幾個核心家庭，或一個折衷家庭加上幾個核心家庭。所謂折衷家庭是指父母與其中一個兒子長期住在一起，或者按照預定時間表輪流到兒子的家裡居住。[31] 沒有提供父母膳宿或其他開支的兒子，則會依照預先商洽的協議，分擔父母的生活費用，而且通常會訂下契約。

在美弘，只要父母在經濟上能夠維持理想的大家庭，他們無論如何都會積極朝此推動。不過，仍然有其他諸多客觀因素明顯不利於大家庭的組成，例如財產不足以購買或建蓋一棟空間足夠的房子，以安置不斷擴張的分枝家庭所需，這可能迫使一些支系搬出，另覓住處。分散居住的安排，被視為不利於團結和經營理想中的大家庭。

在美弘，另一個常見不利於大家庭出現的因素，就是某些兒子可能為了求學或將來的長期就業考量，搬到曼谷或臺灣，最後可能會定居當地，購買房子，找到配偶，經營自己的小家庭。有趣的是，從美弘當地的角度來看，這種類型的分散家庭仍然被視為未分家，家長可能會拜訪這些支系，並暫住在那裡。大多數孩子有工作時，會定期寄錢回家給父母，有時也會匯寄額外的金錢，以支付父母的醫療費用、年幼弟妹的學費，或維修老家的房子。如果美弘的青年已在泰國或臺灣大城市中建立了自己家庭，要他們回到原生家庭定居，是不太可能的現實。早期臺灣經歷工業化之際，也出現類似的發展現象，人類學者稱之為「聯合家庭」[32]或「分散的大家庭」[33]。

為了解決分家的問題，在美弘的常見做法，尤其是比較富裕的家庭，當父母老去，會要求其中一個兒子，通常是最年長的，留下來同住以照顧他們。如果這個兒子未婚，父母會以此為藉口幫他找個妻子並舉行婚禮。村中父母在為兒子「安排」妻子這件事上，仍然掌握相當大的權限。我估計大約有一半的村中青年，他們的婚姻都是以這樣的方式進行。如果兒子已經結婚，父母可能假裝自己患了重病，堅持要兒子全家回來照顧他們。我認識許多村裡的中年男子，都曾抱怨被父母用這個方式騙過，這些男人因而得放棄自己的事業、甚至是城裡的伴侶（無論是在泰國或臺灣）而返家。然而，撇開私下的埋怨不說，履行儒家倫理孝道規範的孝順兒子，在村中則是備受村民讚揚。

在這種類型的折衷家庭中，留在村裡的兒子將繼承家裡的房子、農田及父母的財產。一旦父母相繼去世，其他兒子可能會回來辦理正式「分家」。一般來說，因為在村裡生活沒有收入穩定的工作，從城市回來的兒子通常不會要求平分家產。最長（或最小）的兒子將繼承全部家產，並成為祖厝、祖產和父母墓地的管理人。

在重大的節令或假日，如農曆新年或中秋節，或是其他的民間宗教儀式，如清明掃墓或中元節，居住在城市的分枝家庭會回到美弘，住在村中的家裡幾天。這種類型的家庭團聚，也可能發生在父母的忌日，所有兒子都回來弔祭。這些儀式活動提供機會，讓各分枝家庭得以維繫親屬關係。由於在都市中通常都是住在狹小空間的樓層中，這些分枝家庭成員有時也期望回到父母家，享受悠閒的田園生活。從文化象徵的角度來看，他們認為在美弘父母的家，是直系血親和各分枝家庭共有的場所。在這裡，時間和空間融合，成為家族匯聚的「地方」（place），如同凱西（Edward S. Casey）指出，「問題的重點是，**空間和時間在這個地方匯集**……就此而言，地方所提供的空間和時間本身協調且合宜，而不是被均等的宇宙參數所切割。」[34] 這個「地方」，包括他們成長的村子、在父母家中他們找到小時候的避風港，以及父母最終安息的墓地，涵蓋了在此成長的村民生活經驗，據以建構其生命的意義。

日常生活儀式

文化複製的另一項重要措施，就是遵循傳統的民間信仰與日常生活儀式，從中獲得一般所稱的信仰或心靈經驗。透過參與這類儀式，雲南華人離散社群得以重新喚起曾經共有的或建構出的集體記憶，包括生活中珍貴的道德訓誡、體現儒家美德的古代英雄事蹟，以及作為中華文化傳遞者的自我民族認同。這些儀式讓他們有機會將自己所擁有的文化知識傳遞給子女，同時也說明這些儀式行為的多層涵義。正如紀爾茲（Clifford Geertz）所點出，「……這就是儀式，即一種自我奉獻行為，告訴我們：宗教觀念是真實的，且宗教指導是正確的。」[35]

日常生活儀式能夠如實重現過去曾從事過的活動或展演，但也會因應地方或區域的差異，而有所修改或補充。當美弘村民在這個移民社區重建自己理想文化的精神領域時，他們不自覺地加入新的儀式和神話，並將之寫入集體記憶中。這是一個過程，確保每個本土文化都能展現出一定特色，而這些特色未見於其他社區。以下我將討論村裡日常生活中的儀式，包括制度性的與日常性的。

制度性的宗教活動

美弘有三個儀式聚會場所最接近一般所稱的「宗教」定義，即在固定的地點、時間舉行祭儀，包括關帝廟、觀音寺和土主廟。這三處都以風格獨特的建築來標誌其環境架構，獲得特定團體的支持，維持集會空間，為信徒舉辦活動。這些宗教場所在村民的日常生活中都很重要，代表不同的哲學和精神關注。

關帝廟是座宏偉的建築物，供奉中國古代傳說中的英雄關羽，他是三國時代的將軍，擅長軍事作戰，被視為忠誠、勇敢和愛國的儒家道德化身。[36]廟宇坐落於村子最西邊，本地一處自然溫泉的上方，由村民公開募款建於一九六九年。

在中國民間信仰裡，關羽是軍人和商人的守護神。[37]在中國，祭拜關羽很常見，也常是村神。[38]由於美弘村民的部隊從屬關係，我們可以理解為什麼在建村之初，這個寺廟即能在短短五年內便得以建成。

關帝廟的主要節慶是關羽的生日，在農曆六月二十四日舉行。此外，村民們說，這天也會祭拜地母（大地母親，雲南少數民族如侗族的女神）和慶祝火把節（幾個滇西少數民族如彝族、白族和納西族共有的民族節日）。這種族群複合的慶祝活動說明中國民間宗教多元融合的性質，經常結合官方認可的正統紀念活動與可能被視為異端的地方神祇或崇拜。在美弘，傳承自雲南少數民族的地母和火把節崇拜，為了取得正當性，也都被納入關羽的祭儀之中。這說明了泰北雲南華人在「漢族」認同表象下的實際多元族群組合。

儘管關帝廟是一座正規的建築物，供奉著關羽的神像，但並沒有常駐的神職人員或管理員。寺廟的管理責任是由村自治會承擔，負責向村民募款，並安排關羽誕辰慶典的午宴。在關帝誕辰慶典的當天早晨，村裡的婦女上午九點左右便陸續前來，帶來一籃又一籃的熟食祭品。他們在神像前供奉用盤子裝好的祭品，然後點燃三炷香，跪在神像前鞠躬或叩頭，接著將香插入香爐，到廟前外面的黃銅金爐燒紙錢。儀式完成後，他們便將熟食帶回家作為當天的晚餐，以慶祝火把節和地母。

通常，在村自治會的院子裡，每個家庭會派出一名代表，一般是男戶長，參加中午的共同聚餐。每戶繳交一百泰銖作為奉獻，由村自治會的人員記錄所收款項。付完家庭餐費之後，這些大多是中老年的男性會在村自治會的院子周圍閒逛，或走到隔壁的關帝廟，問候老朋友，閒話家常。村自治會僱用六名村婦到寺廟準備午宴。我參加過二〇〇三與二〇〇七年的關羽誕辰慶典，每次都約有三十桌的宴席，超過三百個家庭成員參加。由於關帝誕辰宴是一個以宗教為名的俗世聚會，午宴會提供葷食和酒。

觀音寺則代表中國民間信仰另一個有趣的轉折。美弘村的觀音寺也是座宏偉的建築物，亦坐落於村子最西邊，也是由村民公開募款，建於一九八一年。觀音是中國、西藏、日本、韓國許多大乘佛教寺院的守護神。觀音在中國常見的形象是女性神祇，有許多手臂自她的背後伸展，就像孔雀開屏。觀音又被稱為觀世音菩薩，是佛教傳說中最早的菩薩之一。在中國的宋代以前，觀音被認為是男性。之後，菩薩不知何故地獲得了女性的形象，並與女性的慈悲憐憫緊密相連。祂承擔世俗的苦難，強調無私的慈悲。觀音在中國的鄉間廣為流傳，許多農村將祂奉為地方的守護神。[39]

美弘的觀音廟裡是座正規的佛教寺院，由一名比丘尼擔任住持，還有三個女徒弟，她們都是被這位比丘尼收養的棄嬰。比丘尼是雲南華人，在緬甸東北部出生、長大，並在那裡的大乘佛教寺廟接受正規的出家訓練。緬甸和泰國的主流信仰是小乘佛教，與中國的大乘佛教明顯不同。不過金三角也有少數大乘佛教的寺廟，可以剃度僧人或比丘尼，讓雲南華人得以延續信仰。美弘的觀音寺經過相當的努力，才招募到這位來自緬甸的比丘尼。村民告訴我，早年村自治會的領導段先生與這位比丘尼都來自於緬甸的同一個村莊，段先生先移民泰北，比丘尼則在那裡長大成人。一九八一年觀音廟蓋好，在這之前，段先生就拜訪過這位比丘尼，承諾若她願意前來，將由她擔任廟的住持。

美弘村民於每年農曆的三大紀念日為觀音慶祝，包括觀音誕辰（農曆二月十九日）、觀音成道紀念日（農曆六月十九日）、以及觀音菩薩出家紀念日（農曆九月十九日）。這三天的早晨，幾乎所有的村中家庭（除了改信基督教的村民外），都會派代表到觀音寺朝拜，他們也會捐款以維修寺廟和籌備午宴。因為觀音是佛教神明，午宴不會供應葷食或酒。捐款也是由村自治會人員收款後再交給住持，由她僱用中村婦女來準備信徒的素食午宴。

從關帝廟和觀音寺的例子可以看出，日常生活的宗教儀式，可以加強維繫信徒之間既有的文化典範。其做法就是在社區活動時，分享各人的靈性經驗，提升特定美德，並維護固有的道德標準。像這種涂爾幹式（Durkheimian）的觀點，乍看之下可能會覺得是一個循環論證，但實際上，當人們進行某些宗教活動時，他們實際上是在禮拜自己特有的文化象徵，以及具象化的固有美德。然而，這些文化表徵或道德典範，並不一定都是過去流傳下來，也可能是從外界引進。而所謂的當地傳說，無論真實或虛構，都可能被接受而最終納入正統的公眾領域。如此一來，當地的英雄或具體善行就會成為公認的準則，透過價值與道德規範的標準化，成為官方正統或被官方正統納入的一部分。[40]正是基於這樣的理解，我們可以討論美弘村第三個正式的宗教建制。

同樣位於村子西邊、在關帝廟旁有一間不起眼的小廟，稱為土主廟，相當於臺灣的土地廟，這是由村民自行籌資所興建、祭拜的地方守護神。與關帝廟或觀音寺相比，這間廟的規模很小。儘管如此，它仍然香火鼎盛，村民們在農曆大年初一和農曆二月初八神明生日的早晨，都會攜帶祭品紛紛來此祭拜。廟裡的神像是用土或黏土製成，黑面，穿著古代樣式的軍服，廟門外則立著兩座身穿古代平民服裝的塑像。我調查這位神祇的身分，發現有兩個略為不同的說法，都是關於最早定居在美弘的雲南華人士兵的善行。值得一提的是，土主或本主祭拜本來是雲南保山的地區性崇拜，紀念洱海地區大理國的創建祖先，後來轉變成地方神。[41] 如今，泰北雲南華人藉由原鄉的地方性崇拜，納入了源自美弘村的士兵及其美德，摻和了他們的集體記憶，成為新的儀式。民間宗教的彈性與作用可見一斑。

第一個故事版本是這樣的。當雲南保山地區的國民政府部隊被共產黨軍隊趕出中國時，一名張姓士兵離開得太匆忙，留下寡母一人在家鄉。而後，國民政府部隊落腳金三角，張先生非常擔心母親的健康，決定全副武裝偷渡回保山，接她過來。由於橫跨邊區山地的唯一交通方法只能依靠步行，也因為他的母親年老體衰，別無選擇，逃出來時只能把母親背在背上。除此之外，他還得為這趟偷渡旅程攜帶自衛武器和糧食。更驚人的是，逃跑途中，據稱他們還被在邊境巡邏的共產黨軍隊發現，張先生奮力掙扎，全因勇敢和對地形極為熟悉，才得以自窮追不捨的敵軍脫身。逃出中國之後，他照顧母親直到她去世。為了紀念張先生的孝行和勇氣，他過世後，美弘村民為他建造這座廟，將這位美德楷模奉為村莊的守護神。

第二個版本的傳奇也提到了張先生的英勇事蹟和孝順，關於他如何帶著母親逃出中國，細節基本上與前一版本相同，只是開頭的故事較為省略，但結尾說得更為詳細。由於張先生和他的母親從雲南逃出來時，受到保山當地守護神土主的保護。因此，為了紀念土主的庇祐，來自保山區的村民在張先生去世後蓋了這座廟，以紀念張先生的孝順和土主的慈悲。

無論我們相信哪一個故事版本，這個傳說的創造過程巧妙地概括了紀爾茲對宗教儀式的看法，「在儀式中，我們所經歷的生活和想像的世界，由單一組成的符號系統產生轉化融合作用，其結果雖然還是同樣的一個世界，但在個人的主觀現實中，卻會產生這樣的特殊變形。」[42]在這個傳說中，人們的想像與「真實」的混合物，即當地傳說中張先生善行的神聖化，包括象徵性地將實際存在（逃離雲南的艱辛過程）轉化為想像（神靈的庇佑），再從想像轉折回實際儀式崇拜的微妙過程。這個神話更將儒家道德理想融合到日常生活中，並引進當地的守護神，由其擔任複製和強化這些文化典範的媒介。

歲時祭儀

在美弘的第二類日常生活儀式，是有關年度曆法的節氣變化，保留了與中國和其他華人地區大同小異的文化慣習。中國計算節令的方式相當複雜，涉及太陽與月亮兩者的運行。陽曆劃分每年三百六十五天、二十四個循環節氣，主要用來預測天氣和規劃農業活動，以及確定春分、秋分、夏至和冬至等節氣。陰曆則是依循月亮運轉的週期，主要作為個人推估時間之用，如記錄一個人出生和死亡的日子，以及選擇吉日良辰來舉行特定活動，如結婚、搬家、開業、旅行等等。

歲時祭儀的哲學基礎，如人類學家李亦園（一九九六）所指出，即古代中國人努力試圖與自然保持和諧關係。中國民俗文化主要涉及三個層面的和諧：天（即宇宙）、人（即人類個體），以及社會（即人群集合體）。天體的和諧，是經由在時空合宜的關頭，對人類活動的精細校準與定位，這可透過算命和風水的民間習俗清楚看到與達成。至於人的和諧，則是保持外部大宇宙和個體生物小宇宙之間的微妙平衡。最後一層社會的和諧，是指個人生活中，親疏上下關係之間所涉及的合宜禮節。

但與其他華人地區一樣，美弘的歲時祭儀標示著從一個節令到下一個節令的儀式轉換，配合著人們的日常作息調整。村民的宇宙觀，基本上仍是漢族的文化核心，巨觀宇宙的運轉對應個人的微觀生命歷程。在美弘村，農曆仍是很重要的日常時間參考座標。中國農曆年除夕，所有家庭成員都會團聚吃年夜飯，離家在外子女也會想方設法回家團圓。晚飯後，家庭成員先祭拜祖先，然後再向長輩拜年，如祖父母或父母。在更傳統的村民家庭裡，小孩仍會正式地向父母和祖父母磕頭，然後長輩送給晚輩壓歲錢，包在紅色信封裡。最後，村民們燃放放鞭炮送走過去的一年和灶神，據說祂要回到天上，向玉皇大帝報告過去一年每個家庭成員的所作所為。[43]

在美弘，初一中午的新年儀式更為正式。多數家庭會準備簡單的菜餚，帶到村外迎接灶神回來。然後，他們前往觀音寺、關帝廟以及土主廟，在神像前供奉煮熟的菜餚，上香並焚燒紙錢祭拜。

春節之後的歲時祭儀便是元宵節，在農曆正月十五，月圓之日。這一天村民們會祭祖，許多家庭會在這一天吃素，還會幫孩子做燈籠，晚上帶到戶外去玩。

農曆三月初是清明節，當天會掃墓紀念祖先。這一天是二十四節氣之一，正是陽曆四月四日。村民一般會準備熟食以為祭品，擺放墓前。除了掃墓和上香祭拜，村民也會向祖先焚燒紙錢。即使某個家庭在村裡沒有祖墳，仍然會準備食物，祭拜遠在雲南家鄉的祖先。

農曆五月初五是端午節，和我們熟悉的緣由一樣，據說是為了紀念屈原而來。他是古代楚國的愛國詩人，因為目睹自己的國家衰敗而投江自盡。村裡家家戶戶在這一天包粽子，煮熟食用。另一個常見的做法是各家各戶都會大掃除，在房子四周灑上雄黃以驅趕害蟲，並在門上懸掛艾草，以葉子的香氣驅蟲。不同的是，在中國南方過端午節時，河流或池塘附近的地區往往會舉行划龍舟，但在美弘位於山區，缺少水塘、河流，而無法這麼做。

農曆七月是俗稱的「鬼月」，大多數信仰佛教與道教的的村民們認為，七月的第一天，孤魂野鬼會從地獄出來尋找替死鬼，好讓他們可以重新投胎，這個想法源自印度的佛教傳統。[44]鬼月前一個星期，村裡的婦女即開始用色紙包裹成金塊的樣子。七月十五的中元節那天，多數家庭便已累積了大量的紙金塊，存放在竹桶或布袋裡。這一天，村民會在主屋門口或庭院舉行戶外儀式。每個家庭設置一個供桌，擺放各類食品，有素有葷。家屬先祭拜祖先，然後向孤魂野鬼叩頭，祈求平安，並上香焚燒紙錢，之後，在地上或金屬盆裡焚燒所有的紙金塊。村民相信，祭祀能安撫祖先與鬼魂，讓他們不會危害世間之人。由於整個七月都被視為不祥，村民一般不會在這個月分裡規劃重大活動，如結婚、蓋房子、搬家、開業或旅行等。

圖3.1 一位村民在燒紙錢祭拜中元節

下一個重要的歲時節日是中秋節，在農曆八月十五的月圓之日。滿月代表團圓，多數在外地工作的美弘子女會盡量返家聚餐。晚飯後，全家人坐在戶外賞月，品嘗月餅。滿月和月餅都象徵著家庭團圓。

最後一個重要的節令，則是遵循陽曆，而非農曆，即十二月二十二日的冬至。為了迎接冬季的到來，人們需要補充營養、強健體魄以抵禦寒冬。除了湯圓，村民還會準備油脂較多的菜餚，如麻油雞或豆子豬腳。

除了以上這些中國傳統的歲時祭儀，村民們、尤其是年輕一代，也在陽曆四月中旬慶祝泰國的潑水節。這一天，為了期待雨季來臨，人們向彼此潑水，以解酷暑。年輕人用潑水來開玩笑和惡作劇，且得以跨越性別界線，但年長的村民看不慣這些活動。他們認為，這不是華人的節日，而且危險易受傷，每年泰國媒體都報導不少潑水節引發的受傷事件。不過，根據我的田野觀察，我推測老一輩雲南華人之所以反對潑水節的主要可能原因是，當水濺到年輕女子或女孩的夏季輕薄衣著時，會暴露出女性的身體曲線，因而認為潑水的活動不合乎禮節。

美弘的雲南華人非常看重歲時祭儀，可能原因有二。第一，這些活動維護了他們心中的文化典範和道德價值。藉由參與這些祭儀活動，社會成員肯定自己對傳統典範與道德的信念及承諾。許多中國傳統文化信仰的元素，如家庭的神聖性、尊敬祖先的重要性、自我與宇宙廣大力量的連繫，還有世界與超自然世界的均衡等，都嵌入這些儀式之中。因此，當村民們舉行歲時祭儀時，他們不僅重新演練了傳統的文化理念，也強化了符合文化理念的自我形象。

這些儀式的第二個意義，可以從雲南華人作為民族認同的象徵性標記中看出。村民參與這些日常生活儀式，能再度肯定他們的共同社會經驗，打造一個正宗華人社區。與這種確認的社會標記相反的是：年長的村民不願將潑水節納入歲時祭儀的常規，這顯然是他們所擔憂的。他們憂心年輕村民有意投入主流的泰國社會，才會心甘情願地接受這些泰式歲時祭儀成為生活經驗的一部分。

通過儀式

美弘村民定期舉行的另一類日常生活儀式，即一個人從生命的一個階段過渡到下一個階段的儀式性活動，例如入學、就業、結婚、畢業和葬禮，人類學稱之為「通過儀式」(rite of passage)。[45]借用人類學者范傑納（Arnold van Gennep）的說法，這類公開儀式，標記著「從一種狀態到另一種狀態，或從一個宇宙、社會世界過渡到另一個的過程」。大致分為三個階段：分離儀式（前閾限儀式）、過渡儀式（閾限儀式）以及結合儀式（後閾限儀式）。[46]由於這些儀式意味著一個人在兩個明確定義的社會階段之間過渡，通過階段便是一種模稜兩可的中介狀態，人類學者特納（Victor W. Turner）稱之為「非此非彼」的模糊狀態。在此狀態下，經歷通過儀式者會承擔一定程度的不確定性，甚至風險，正是在此狀態下，范傑納使用「生命關鍵期的儀式」（Life crisis ceremony）這個術語來指稱這樣的處境。

不同類型的生活儀式，標誌著個體生命歷程的改變。基於兩個原因，我選擇以婚禮和葬禮來說明它們在美弘村的意義。婚喪儀式都是全程公開的，往往關係到村裡的許多家庭。正如沃森（James Watson）所指出，中國晚清時代，「婚姻和死亡相關的儀式構成一種『文化水泥』，協助維持這個極為複雜和多樣化的社會共同體。」[47]婚喪慶典經常聚集數十位甚至上百名親友、幫手，大家聚在儀式地點三五天的現象並不罕見。和在中國一樣，在美弘，一個人的社會地位往往可以透過參加婚喪活動的人數來判斷一二。此外，在這些活動中，主人通常會將自家大門敞開，歡迎來訪的親朋好友，包括做田野的人類學者參與，並與賓客自由對談。

我選擇婚禮活動作為分析日常生活儀式重點的另一個原因是，因為在這些活動中得以檢視傳統文化符號的使用範圍和表徵變化，這些都可能顯示村民的價值取向和身分認同的轉變。婚禮和喪禮是人生極為重要的生命事件，一般人都認為必須認真謹慎安排。包括時間和地點、擺設基調、服飾音樂、使用色調、餐宴安排、主持禮儀人員等的選擇，都必須事先仔細推敲，按照正確程序安排，以確保當事人能順利渡過此一階段，進入下一個生命歷程。

婚禮

如何策劃和執行婚禮，直接關係到個人的地位與財富水準。美弘村民遵循父系原則，一般在新郎家舉行婚禮，不過，這只適用於第一次婚姻，寡婦或鰥夫再婚，就不太可能再次舉行盛大婚禮。沒有儲蓄或房產的貧窮農民，也不可能有豪華婚禮。另外兩個因素也直接影響到婚禮的規畫。婚禮的龐大規模和支出，可能迫使年輕人必須依靠父母的金錢支援和處理能力來安排。不過，一旦家長掌握主導權，便可能會堅持依照雲南華人的傳統結婚儀式。

影響村民婚禮安排的另一個因素，則是村民們在政治上效忠國民政府。一九三〇年代國民政府在中國發起「新生活運動」，旨在消除許多被認為是落後的、不文明的漢人傳統慣習，如女性纏足、鴉片毒癮、包辦婚姻和納妾等。在婚禮上，新的道德觀包括提倡自由戀愛結婚和穿著現代西方服飾（如男性穿西裝或燕尾服，女性穿白紗）。國民政府還提出另一項革新，即結婚儀式由一位年長人士來主持（主婚人），以及另外兩名德高望重的人士，一位擔任介紹人，另一位是證婚人。美弘年長的雲南華人已經接受這個官定形式，並認為這是舉行婚禮的最適當方式。

美弘村的家長們認為替子女選擇配偶時，得考慮很多因素，其中最重要的便是族群。他們的偏好順序如下：雲南華人（包括雲南本地或在泰北的華人）、緬甸雲南華人、臺灣人、其他泰國華人、泰國人、山地部落族群。關於這個議題我已在另文詳細闡述過，在此僅略述如下。[48]大致來說，村中高階軍官如李將軍或富有家庭如段老闆，都會設法為兒子找雲南華人女性為妻。一般中階家庭則是娶緬甸雲南華人女性。當上述兩類配偶都不可得時，也會考慮臺灣人或泰國其他華人。若無法在華人圈中找到配偶時，則可能接納泰人為妻。至於最低層的貧困士兵，則別無選擇，一般多娶山地部落女子為妻。不同婚姻配對所生的子女，在村民社會層階上就有明顯的差異。

其他擇偶的相關因素，包括雙方的相對年齡、教育程度、收入、職業和家庭背景等。年輕一代村民往往與其他族群的異性朋友交往顯得更有彈性，但來自父母的壓力，通常會阻止這樣的友誼發展成為婚約。如果村裡的男人和另一個族群的女性結婚的話，一般會有兩種結婚儀式，一種是在妻子家遵照妻子族群的婚俗禮節進行，另一種是在美弘舉行的雲南華人的婚禮。不過，當村裡的女人嫁給他族的男人，就會遵循父系的原則，在美弘村就不會舉辦婚禮。

美弘的婚禮通常在結婚前一天晚上就開始。只要新郎的經濟條件許可，就會在其家中庭院搭起大帆布帳篷，擺置許多圓桌和椅子以招呼客人。村自治會擁有帳篷和桌椅，村民可為這類活動向其租用。在庭院的另一側，新郎的家人也會架設數個臨時爐灶來準備飯菜。通常，婚禮前一晚大約八點鐘會開始慶典。首先是由主婚家提供米粉湯。如果在場的桌椅不敷使用，客人就輪流入座用餐。有些客人坐下來喝湯，另一些人到處走動、抽菸、和新郎家人或其他人閒聊。新娘和新郎也會在人群中穿梭，介紹客人彼此認識。

所有客人吃過宵夜之後，真正的慶祝活動則是以傳統的「打歌」開始。這種打歌習俗明顯源自於雲南少數民族。此時，帳篷下中間區域的桌椅會被搬走，以清出空間。一群中年男性村民，大約六、七人，各持一把三弦吉他，走進空地演奏、齊唱，排成一隊圍成圈。婚禮歌曲內容通常是祝福新婚夫婦婚後過著幸福快樂的生活，相互尊重、避免夫妻不和諧、早生貴子傳宗接代，或是未來生活品行端正，做個孝順的兒子或媳婦等等。

歌者們也會隨著吟唱來調整自己的舞步：前三步、後兩步，接著一個左踢、右踢。當歌舞開始時，新娘和新郎通常立刻加入行列，接受大家的祝福。其他旁觀者先聽歌，然後也隨著歌者的樂舞，逐步加入不斷擴大的圓圈隊伍。

老一輩的村民非常重視傳統打歌儀式。不過，我觀察到，年輕一代似乎大多漫不經心，要不就是不以為然。二〇〇四年，在我所參加的其中一場婚禮中，一名二十多歲的年輕男子，即新郎的朋友，私下告訴我，無論是打歌的樂器或是那些歌曲的道德內涵都已經過時，與現代的泰國毫無關連。他悄悄建議，如果可以，他寧願是用現代化的卡拉OK歌唱，或彈奏西洋吉他，而不是這種傳統打歌和三弦琴。然而，他也心不甘情不願地承認，因為新郎的父母支付費用和主辦婚禮，新婚夫婦和他們的朋友別無選擇，只能配合新郎父母所堅持的這種舊式婚禮。

新婚夫妻的婚禮從當天黎明正式開始，在新郎的長輩親戚指導下，新人祭拜五老神，祂是雲南西部人們所祭拜的月下老人。其後，新人先向新郎的祖先牌位磕頭，接著是對新郎的父母和祖父母（如果仍健在）磕頭，然後問候其他家庭成員。家族長輩通常會包紅包給新人。

家庭儀式結束後，新郎家會提供早餐給遠道而來和在家裡過夜的朋友親戚。中午時，院子入口會擺好鋪上紅布的接待禮桌。新人雙方家庭的朋友會在那裡歡迎賓客，記錄他們帶來的禮物。就像中國其他許多地方一樣，這些禮物通常是現金紅包，賓客的名字及其禮金都被詳細記錄在禮簿，保存以供將來需要回禮時參考。[49] 一般情況下，紅包的金額反映出賓客和新人之間的親疏遠近。新郎的舅舅可能會包二萬泰銖，一般村民的禮金則在二百至四百泰銖之間（第一個數字必須是偶數，祝福新人雙雙對對）。理想情況是新人收到的禮金能付清酒席費用，這樣新郎家人才不至於賠錢。

一般情況下，婚禮當天的午餐或晚餐是主要的正式活動。席間，新人和新郎父母逐桌敬酒感謝賓客。新婚夫婦穿著正式服裝：新郎穿深色西裝或燕尾服，而新娘則穿白紗。有些婚禮，新人的親密好友會擔任伴郎和伴娘。三位長者主持婚禮，輪流致辭：通常是提醒新人要孝順家人，互相扶持直到生命盡頭，還要多生幾個兒子以傳宗接代。宴會廳裡掛著色彩繽紛的裝飾圖案，不厭其煩地複述相同的主題，如百年好合或早生貴子這些話。村裡的婚禮，很明顯仍然強調及公開讚揚某些傳統文化理念，如孝順父母，生兒子以傳宗接代的重要性，以及家庭團結，儘管年輕一代似乎對此已不重視。

葬禮

如同策劃婚禮一樣，美弘村民在安排適當的葬禮時，會先考慮死者或一家之主的社會地位、財富水平、年齡、目前和之前的職業，以及對外的社會關係等。在美弘安排喪禮時，年長的村民一般會堅持幾個基本規則。理想情況下，一個人應該在家裡死亡。因此，如果一個人患了絕症，在清邁或其他城市的醫院治療，預計不久於人世，其家人會盡一切努力延長他的生命，租借汽車送他返回村裡。他們相信，如果一個人在遙遠的地方去世，靈魂便無法找到回家的路，成為孤魂野鬼，這是一般中國人所擔心的狀態。[50]

安排喪禮的第二個基本規則，是擇日安葬，或簡稱為「三日豁免原則」，這似乎是泰北華人特有的規範。當一個人去世後，可以在三天內任何時候舉行葬禮，不需要顧慮死者的生辰八字或請風水師挑選吉利的時間或墳墓位置。然而，如果葬禮在三天之後才舉行，家人就必須請風水師來選定最吉利的時間（根據農曆，配合死者的生辰八字加上自然時間特徵）和埋葬的地點。為了避免各種後續問題，大多數的村民家庭會遵循三日豁免原則來安排葬禮。

除了這兩個基本規則外，個人的財力也與喪禮的安排有關有關。葬禮的費用從幾千銖到數百萬銖，都有可能。影響費用的關鍵因素是喪禮的天數。哀悼禮節愈繁複、喪禮的時間愈長，所需的費用就愈多，因為喪家必須提供食宿給前來悼念慰問的賓客。歷時較久的喪禮也意味著要付給道士、和尚和伴奏樂師更多的費用。此外，棺材和墓地的花費也視情況而定。本地製造品質較低的夾板棺材，只需要幾千銖就能買到。而高品質的柚木或黃銅棺材，則可能要價百萬泰銖。死者或其家屬若是受人敬重的社會成員，家屬就可能建蓋一座豪華墳墓，有水泥地板和色彩絢麗的瓷磚裝飾。有些富裕家庭甚至會在墓地附近或上方蓋座涼亭，不只紀念亡者，同時能避免氣候等因素對墳墓造成損害。

村民們一致認為，最昂貴的喪禮是傳統中式葬禮。喪禮的送葬隊伍要聘請道士誦經和樂隊伴奏，有時還會請多位風水師來挑選下葬吉時和墳墓方位。此外，還要僱用當地工匠用竹和紙製作迷你的祭祀物品，包括馬（帶死者上天堂）、房子、汽車、家用設施（供死者在天上的住家使用）。二〇〇五年，我參加了一場特別豪華的喪禮，除了大量的紙錢或紙紮金塊，以及家用設施模型外，家屬還燒給死者各種假護照，有泰國、緬甸、臺灣、美國等國家的護照。經過詢問，死者的丈夫解釋，「因為我們生活在異鄉，我老婆的靈魂可能要去雲南、臺灣或其他地方旅遊，會需要各種護照。」

一些年輕村民的家庭，特別是與泰國人通婚者，可能會請泰國小僧侶來協助喪禮。他們的念誦不收服務費，只需要在其自備的塑膠桶內置放小禮物，如牙刷、牙膏、肥皂、洗衣粉等，供其個人使用即可。聘請泰國僧侶，比起聘請道士或風水師的費用低廉許多，因而廣受年輕一代的歡迎。

若是遵循三日豁免原則的喪禮，第一天需要發布死者去世的消息，由家屬告知其近親，或是透過村政府的廣播系統通知全村。死者家屬會將死者換上新裁製的服裝，直接放入事先備好的棺材。送葬者必須穿上不同顏色的黃麻粗布，顯示送葬者與死者的親疏遠近。[51] 雖然家屬會在死者棺木前設置臨時靈堂，作為離去靈魂的暫時安息之地，包括一個香爐、兩座燭臺，以及其他祭祀用具。一些近親、關係不錯的鄰居，或是家族友人會開始到喪家提供協助，準備所需炊具，從村自治會那裡借來帆布帳篷和桌椅，架設在院子裡。女人們會幫忙折疊喪禮所需的紙錢，或在廚房

圖3.2 村中婦女聚在一起為喪家折紙錢

做飯，男人則會外出跑腿，購買蠟燭、香、酒等必需物品。如果道士來了，他們就會圍繞著棺材誦經，以特定儀式來引導亡者的靈魂。

第二天是公祭。一般村民會帶來香和紙錢慰問喪家，在靈堂前放下這些物品後，送禮者從袋子裡拿出三柱香，以蠟燭點香，對棺木鞠躬或下跪，然後到靈堂的香爐插香。為了感謝賓客前來弔唁，跪在棺材邊穿著喪服的家屬會向送禮者鞠躬。在此期間，道士或樂師在後臺誦經或奏樂。

主要的哀悼儀式在第三天舉行，黃昏前安葬。賓客拿出包在白色信封裡的奠儀，一般約三百至五百銖。第一個數字必須是奇數，不同於婚禮所使用的偶數。接待桌設置在家裡庭院門口，由兩名村民負責收款並記錄送禮者的姓名。理想情況下，喪家收來的奠儀將足夠支付喪禮的餐費。正如婚禮一樣，奠儀簿是很重要的家庭紀錄，未來參加送禮者或其家屬的喪禮時可供參考，禮尚往來很重要。愈多人參加喪禮，死者家屬就愈有面子。

喪家為所有參加喪禮者準備午餐。一般不是素食，菜餚盆數量也是奇數，與婚禮的偶數菜餚形成對比。午餐後，出殯隊伍由請來的樂隊帶路。有些家庭僱用村裡的泰國學校樂隊，彈奏西方哀樂，有些人則聘請中式傳統樂隊，演奏傳統音樂。富裕的家庭也可能兩種音樂類型都有。接著是道士念經，由幾名工人抬棺，穿著黃麻粗布的送葬者尾隨，其他賓客殿後。有時賓客駕駛自己的汽車，幫助喪家帶些清涼飲料、食物、香、紙錢等物品運到墓地。

一個傳統的中式葬禮，為了容納棺木，會請來幾名工人挖墳。這項工作由風水師監督，依照他所計算的風水和死者的生辰八字，決定工人何時、何方位開挖。墓地挖好後，風水師會要求死者後代埋下五個吉祥物（包括四種植物的種子：稻子、麥子、豆子和棗子，再加上銀子），放置在墓地的四角和中心。這五樣物品都有「子」的音在最後，組成中國的吉祥話「五子登科」。安葬後，死者的後代以棉質長繩連接五個點，稱為「接龍脈」，村民相信好風水的力量如此能傳遞給後代。

棺木下葬前，送葬者在墳前擺放食物，包括一碗米飯、幾道菜（單數）、一杯茶和一杯酒。送葬者點香插在食物前面，焚燒紙錢給亡靈。接著，風水師在下葬前用一根樹枝象徵性地掃過棺材表面。在一次田野調查中，我觀察到一個令人印象深刻的葬禮。死者的女兒，大約三十多歲，在為棺材覆土時，跳進坑裡，用她的嘴銜起一塊泥土，然後吐在棺材上。年長的村民目睹這個行為，都大加稱讚這名年輕女子的孝心，認為她不願接受母親已經離開的事實，準備用自己的口唇來建造母親的墳墓。

棺材放入墓穴後，喪家主人（通常為男死者之長子或是女死者之丈夫）將四根釘子釘入棺木的四角，是為最後的封棺。（此處的做法與沃森在香港新界的觀察不同，他指出通常是離開村裡前就已完成最後的封棺。）隨後，工人鏟土掩蓋棺木，並以磚頭和水泥建造地面上的圓弧形墳墓。此時，送葬者脫下黃麻粗布，和他們準備給死者的竹製和紙製的馬、房子、紙錢等紙做的生活用品，放火一起燒掉。燒完之後，喪家和送葬者每人吃一碗喪家預先準備好的甜湯煮蛋，以擺脫與死亡相關的邪氣。

小結

在本章中，我討論美弘的第一代雲南華人離散人群，他們自許為正統中華文化的傳承者，試圖在泰國北部的荒野森林中建立或重構傳統的文化典範。我原本預期，由於早年顛沛流離的跨國移動經驗，這些雲南華人可能會培養出去區域化的性格。然而，定居泰北之後，他們與泰國民族國家的相遇，似乎反而增加了他們對自身文化遺產的危機感。而這種危機感，在軍隊的組織架構與反共的意識形態下，更形成了對於維護傳統的堅持與實作。他們對於正統民族身分的重視，提升了他們對於何為「中國人」的理想態度。

我們可以試著解釋泰北雲南華人面臨的困境：現代公民的概念，無論是基於民族國家政治實體的領土疆界，或是透過生殖所獲得的一組生物遺傳特徵，由符合儒家道德理想化程度的文化建構，來定義他們自稱「中國人」的傳統觀念。在此情況下，「中國人」的標籤成為象徵資本，雲南華人藉此確認自己的身分，以支撐及合理化他們在泰國邊境的邊緣存在。但在他們取得泰國國籍，讓他們在當地擁有完整的法律權利時，卻也讓他們憂心文化遺產可能逐漸消失。

經由華文學校教育和性別層階偏見的傳承，以及他們所參與的日常儀式，年長的村民明確擁護他們所理解的華人基本道德規範，及正宗的儒家價值。儒家道統極為強調現世取向和層階式的人際關係，為傳統中國漢族建構的社會人際領域提供許多核心的指導原則。家庭成員之間的相互權利和義務，最能清楚看出儒家孝道的宗旨：子女對父母的遵從和奉獻，回應父母對子女關愛與養育。這個倫理主軸幾乎貫穿所有的歲時禮儀和個人通過儀式。就如「土主神」的傳說：張姓士兵為了照顧寡母，將她從中國帶到美弘。孝道也強調男性傳宗接代的重要性。

與孝道密切相關的是家庭團結與和諧的重要性。各個歲時祭儀和生命關鍵儀式中，家庭延續與和諧的重要性一再被提及，就像歌手在打歌時唱給新人的忠告，或德高望重的長輩在婚禮上的致辭，又如婚禮上的各種吉祥象徵物引人注目的展現。成為大家庭的一分子，不僅鞏固個人在「我們」這個團體的地位，也重申了個人在文化複製過程中對道德理想的承諾。

祭拜祖先是中國漢族在親人離世後，為了尋求慰藉，所建構出的溫馨靈魂世界。不過，這是一個儒家較少提及的領域。雲南華人跨越金三角邊境，在遠離家鄉的地方定居，他們的精神需求必須因應新的環境而有所變化。例如，祭祖時燒給死者護照，使其能夠跨越國界旅行，清楚地表明這種新興的時空維度與生命渴望。日常生活儀式非常重要，包括公共的和私人的聚會場所，讓村民在此正式維持對想像文化中國的嚮往與承諾，肯定並重申恪守儒家道德原則。[52]藉由喪葬和祭祖儀式，尋求親人離開後心靈的寧靜，創造新的虛構敘事，美化死者不同於俗世的生活。

第一代的雲南華人離散人群，透過一次又一次的日常儀式，如婚禮和葬禮，以其共同的社會經驗，成功建構出海外華人的身分認同。同樣的，沃森談論這個問題時指出：「身為中國人理解並接受這個觀點，以正確的方式執行有關生命週期的儀式，最重要的是婚禮和葬禮。一般民眾按照公認的儀式程序行事，參與文化統一的建構過程。」[53]為了能夠正確執行這些生命儀式，第一代的美弘村民不僅讓自己異於泰北周邊的其他族群，堅持自己是活出正統中華文化的成員。這種說法聽起來似乎是有些彆扭，但離散人群關心的只是滿足內在自我認同的需求，實現文化複製的目標，以確認自己在異鄉的邊緣存在。

然而，儘管泰北雲南先民這般艱苦努力，但是，文化複製計畫似乎成功有限，因為代際之間的內部衝突逐漸檯面化。許多年輕村民選擇遷出村子，完全融入泰國社會，或是反抗根深蒂固的村中掌權者。這些衝突在下一章有更詳細的討論。

1 Easman 1986; Keyes 1987; Purcell 1951; Reid 1996; Skinner 1957, 1996; Wyatt 1982.
2 Purcell 1951; Easman 1986; Keyes, 1987; Wyatt 1982; Skinner 1957, 1996.
3 如《三國演義》，見 Reynolds 1996。
4 如 Bao 2005; Chan and Tong 1993, 1995; Maxwell-Hill 1998。
5 Heidhues 1996.
6 Bao 1995, 2005; Chan and Tong 1993; Keyes 1987; Maxwell-Hill 1998.

7 Skinner 1957; Coughlin 1960.

8 Lin 2000; Ong 1999.

9 Amara Pongsapich 1995: 23。Keyes 1987也有類似紀錄。

10 Reid 1996; Skinner 1996。峇峇（男性）和娘惹（女性）指的是馬來華人與當地原住民跨族通婚所生的第二代。因混有華人和當地土著文化的特色，常被視為獨特的族群。

11 Chang 2002: 142.

12 Huang 2003.

13 de Bary 1988.

14 de Bary 1988.

15 Chuang 1985; Harrell 1985; Li 1985, 1986; Nee 1984.

16 Cohen 1976.

17 參見Liu 1992: 5。

18 Li 1985, 1986; Weller 1987.

19 Casey 1996; Giddens 1991; Hall 1996.

20 Ding 2006; Tam 2006.

21 de Bary 1988.

22 Kung 1983; Salaff 1975; M. Wolf 1978.

23 Tam 2006.

24 Croll 1983; Johnson 1983; Stacey 1983; M. Wolf 1985.

25 Chang 2005; Ding 2006; Kung 1983; Salaff 1975; Tam 2006.

26 Wolf 1972.
27 Chang 2005: 64.
28 Tam 2006.
29 Chuang 1985; Huang 1993.
30 Cohen 1976; Huang 1993; Wolf 1985.
31 Chuang 1985; Hsieh 1985; Huang 1993; Wolf 1985.
32 Chuang 1985.
33 Cohen 1976.
34 Casey 1996: 36。粗體字原文為斜體。
35 Geertz 1966: 28.
36 Duara 1990; Feuchtwang 1992.
37 Feuchtwang 1992.
38 Duara 1990.
39 Duara 1990; Feuchtwang 1992.
40 Watson 1985; Szonyi 1997.
41 Lien 2005.
42 Geertz 1966: 28.
43 Wolf 1974.
44 Weller 1987.
45 Turner 1969; van Gennep 1960.

46 van Gennep 1960: 10-11.
47 Watson 1988: 7.
48 Huang 2006.
49 Yan 1996.
50 Li 1985.
51 Wolf 1970.
52 Huang 2003.
53 Watson 1988: 3.

第四章

派系糾紛、政治忠誠與族群認同

一個邊境的故事

泰北金三角地區因高山大河交錯，國家行政管理鬆散，邊界不明，容易成為離散人群穿梭往來的通道和暫居的避難空間。周遭國家如中國、緬甸、寮國等發生動亂或內戰時，受波及的災民就沿此通道到泰北避難。一波波的離散人群聚匯在此地，不但添增了多元族群的色彩，也給這些人喘息的生存空間。以雲南華人而言，從一九四九年逃出來的國民黨士兵，文化大革命時逃出來的知青，直到現在的異議分子，都拼湊成這個巨幅圖案的片綴。小陳的故事，就是一個活生生的例子。

初次認得小陳，是在二〇〇五年的夏天。那年七月我初到美弘村，住進黃先生的工廠宿舍時，幫我們煮飯的林阿姨就很興奮地告訴我：「一新中學新來了一位年輕的國文老師小陳，書教得好，又多才多藝，很受學生歡迎，你可以找他聊聊。」我循著林阿姨提供的地址，找到小陳在路邊樓上租的房間，就和他聊了起來。小陳看來很年輕，只有二十多歲的樣子。他的房間布置得很簡樸，但架設了水彩畫的畫架，還有一些放大的照片。看樣子他喜歡藝術方面的創意工作，難怪會受學生歡迎。

小陳告訴我他是江西九江人，父母親都在市區工作，是中小學教師，是家中獨子。他從小成績就很好，在班上一直名列前茅，順利考進九江最好的中學。原本他以為可以順利讀完中學，考上好大學，畢業後繼承父母親的教育工作。不過，高三那年，即一九九九年，學校突然發出一個公告，規定學生要繳交一筆課外活動費，理由是很多學生放學後還留在學校，使用各種設備，增加學校開支。小陳認為這個規定不合理，因為並非所有學生下課後都留校，沒有理由將負擔強加在每個學生頭上。為了反對這個規定，他寫了一張大字報貼在學校布告欄，引起很多師生的討論。不過，此時正值中國官方推動行政體制改革，許多地方被解僱員工發起抗議、示威的活動，這張大字報便引起公安機構的注意。小陳的父母從工作管道得知小陳可能因此被捕，所以勸他閃避到外地，躲開這陣風頭。小陳聯絡上他在雲南昆明的初中同學，前往投靠他，那位同學是做翻製盜版光碟生意，因此小陳也開始跟著販賣盜版光碟。他在昆明住了三年，認識了很多做小生意的朋友。從這些朋友中，他得知雲南和老撾、緬甸的邊界都很鬆散，隨便就能跨越，是一個出國的機會。他也聽說泰北有很多華文學校，缺少適任教師。以他的程度，應該很容易在當地找到教職。

於是，小陳仔細蒐集了一些跨境到緬甸的資料，就擬定了一個出國計畫，包括在黑市外匯市場換了些緬幣和泰銖，目的地則是泰國。他從昆明出發，打扮成觀光客的樣子，搭了兩天的公共汽車，到西雙版納的景洪市。在景洪他又打聽到前往緬甸的路途，確定風險不大後，就帶了簡單的行囊繼續往南走。為了避免引人注意，他就一路玩下去，到處拍照，十足像個觀光客。一個星期後，當他看到南洛河時，小陳知道他已經跨過國界，進入緬甸。緬甸東北角這時幾乎是一個無政府地區，所以小陳可以大搖大擺地公開行動。他繼續往南走，朝向泰國的邊界前進。在接近泰國邊界處，他攔下了一輛摩的（用摩托車後座帶客人的交通工具），請摩的帶他到泰國。摩的很快就帶他駛向泰緬邊界的邊防檢查哨。這時小陳掏出一張淺紅色的百元泰銖拿在手上，同時請摩的駕駛減低速度。他一面揮亮手上的百元鈔票，一面向檢查哨的軍人招手。等到他和這位泰軍照面時，小陳將這張紙幣拍到軍人手中。雙方相視一笑，小陳就進入了泰國。其實小陳的故事並不新奇，我在美弘訪問了多位新近從緬甸到泰國的跨境移民，大多都有相同的經驗。

二〇〇六年七月我又回到美弘村。想到小陳，我就到他租賃的房間找他。門是鎖的，房東小段告訴我小陳已經離開美弘了。他不知怎麼弄到了一個泰國的身分證明，變成了泰國華僑，考上廣州中山大學，回去讀書了。我說，可惜這裡的學校少了一位好的國文老師了。小段回說其實也沒那麼糟。小陳在離開之前，就安排他的父母從江西如法炮製地經雲南來到泰北，現在就在一新學校教書，補上小陳的缺，也解決了教師不足的問題。

小陳的故事說明了鬆弛邊界的流動現象，在這裡國族身分似乎得以輕易轉換。然而，認同是否也會隨著時空的跨越而改變？這些現象與疑問是金三角地帶的特色，也是美弘村民的生命經驗。令我不禁思索，在新興的全球化社會中，原有的民族國家如中國、泰國對於離散人群到底具有何種意義？他們對於民族國家的認同變或不變？是在何種情況可能生變？當美弘的雲南華人跨國遷徙時，他們一定感受到不斷變化的時空維度。我們可以繼續提問：他們在泰國定居下來後，如何適應這個劇變的全球布局？

一九四九年雲南華人離開中國時，他們的故鄉正飽受戰爭蹂躪與社會動亂。然而，鄉愁在他們心中昇華，並將之理想化為一個正統的儒家世界：社會秩序井然穩定，人們恪守共同的道德標準與原則。為了維護這個理想的文化傳統，他們穿越緬甸，繼之來到泰國定居。這些第一代移民相信，他們在泰國北部建構的理想離散人群社區，只是暫時性的過渡。當全球反共熱潮轉而有利於他們時，他們將拋下一切，為祖國再造正統文化。

只是，二十世紀下半葉的全球社會與政治發展遠不如他們的預期。他們心目中的正統中華文化早已不復存在，絕對不存在於中國大陸，也不在臺灣、香港或任何其他海外華人社區。事實上，冷戰時代的結束，意味著共產主義意識形態正從全球撤退，反共浪潮也就成了明日黃花。這也使得由第一代移民在後現代世界中創建的雲南華人社群更為邊緣化，不僅在地理上位處邊陲，在多元的泰國社會中，甚至廣大的華人社群中，如此一個文化想像僵化的少數離散人群社區，都顯得格格不入。

跨國世界裡的民族國家

如果二十世紀可以被定位為「現代化的世紀」，那麼二十一世紀毫無疑問可說是「全球化的世紀」。[1]在這個新世紀中，我們見證了全球社會、政治、經濟與文化秩序的重組。在現有族群與民族國家的疆域中，那些新的時空劃界及古老地標逐漸消失，已經引發了新的衝突（諸如在前南斯拉夫蟄伏已久的民族衝突和舊有敵意伺機再現）或機會（如後冷戰時代展現超越意識形態和地域分歧的人口遷徙現象、以及擴大國際合作）。在新自由主義的指導原則下，新興全球化市場挑戰了傳統民族國家、國家主權與族群意義的觀念與分界。[2]這些發展也使得學界對離散人群、跨國主義和新興全球化現象的研究關注大為提升。

人類學者對於全球化的問題有其敏感之處，因為其擅長進行田野研究的地方社區，往往位處在一連串全球性變動事件影響的最前線。一如英達（Jonathan Xavier Inda）和羅薩多（Renato Resaldo）所說：「當今世界正經歷一次又一次在經濟、政治、文化、生態等相互依賴關係上的加速運轉。這是一個在資金、人員、貨品、影像，以及主、客體意識形態等方面都快速流動的世界，總之，即使是跨越地球表面，在最偏遠的地區也能與城市中心聯繫……，這意味著一個十分重要，在時間和空間上的重新排序。」[3]

許多學者認為，離散人群社會的存在會激發民族主義的抬頭，進而引發族群對立的緊張局勢，[4]因而提高可能的政治動盪與衝突，特別是在移民與他們所寄居的主流社會之間。[5]不過，另一些學者則指出，離散社群的存在也可能為新環境引進諸多的潛在益處，例如，形成一個新的多元文化社會。族群多樣性已被證明能增加移居社會的自我更新與文化再生的可能性。此外，離散人群社區還擁有形成跨越地域或國家界線之網絡及渠道的能力。例如，艾斯門（Milton Esman）和王愛華（Aihwa

Ong）都將東南亞華人離散人群的成功，歸功於其固有的社會文化特質，特別是他們靈活運用資本和資訊，得以提升社會流動性的能力。[6]那麼，我們可以想像，這些雲南華人生活在彈性與寬容的泰國社會，[7]是否同樣能夠推動跨區域的貿易，乃至提升其勞動力及資本和訊息的流動呢？

我對各種不同地域環境中的人類行為感到興趣，因為他們的故事能提供最好的佐證，說明雲南華人在不同的社會環境中，如何能以類似的同理心、參與感和有效溝通來重新定位自己。例如，第二章曾提到，最早在泰北研究雲南華人的人類學者安．馬克斯韋爾—希爾，將此地雲南華人的成功適應歸因於其故鄉本就具多元文化的傾向。同樣的，美國華裔人類學者王愛華觀察東南亞華人的成功，認為：「華人企業家不僅是牟利而已，他們還獲取一系列的象徵資本，有利於其自我定位、經濟談判，以及在不同地區的文化接受度。」[8]

除了很能適應地方多樣性之外，我還想進一步探討雲南華人如何將其生活嵌入全球化的架構之中。例如：他們是否代表一種原初型的跨國社群，亦即為了追求更美好的生活，自願遷徙跨越傳統的民族國家邊界，策略性運用有形與無形的資本，以適應全球新秩序中的社會文化條件？過去研究華人移民的人類學者已經確定一些有利於跨國流動的關鍵因素，如語言、族群和通婚等。除此之外，雲南華人還有什麼其他類型的人際關係可以運用？反之，如果族群認同和民族國家的公民身分只是在全球化場域中可資運用的手段，隨後即能恣意拋棄，如此雲南華人在這混沌的世界裡該如何自我定位？隨著全球化進程的加快，雲南華人為了滿足歸屬感和情感依戀的深層需求，又會開展或擁抱何種個人身分認同？他們將如何判斷眼前與往後的生計方式究竟是成功還是失敗？

以下，我將從美弘村的政治結構與社區治理開始，逐一探索這些提問。

村自治會及其治理變遷

雲南華人最初在美弘村定居時，泰國政府也採取如同對待其他邊區部落民族的管理政策來對待他們；具體地說，泰國政府在邊區任命一位部落首領、一名村長或頭人，來處理該地區的公共事務與管理責任，賦予其很大的政治自主權。這種做法，類似傳統中國邊區的「土司」制。而這樣的安排，正適合軍事結構完整的美弘村，因為這裡擁有明確的軍階層級，以及不容質疑的領導權威。於是，在李文煥將軍的嚴格監督之下，美弘成立村自治會。理論上，自治會的成員應由全體村民自由選舉產生。然而，如同預期，自治會成員都是李將軍所任命的高階軍官、馬幫商人或是他們的後代。自治會隨後選出會長，在泰國山區部落的行政體制下，其地位等同於村長。

至二〇〇四年，自治會成立已近四十年，是美弘村實際上的行政機關。它主導分配各個家庭的賦稅責任、徵收稅款以支付公共開支、指導社區發展項目、維持供水系統和垃圾運送、經營村中市場、安排重大節日的慶典活動、維繫當地華文學校和電影院、支付華文學校的教師薪資，以及調解村子的內部紛爭和主持正義。自治會憑藉既有的軍事傳統，其會長將村裡的運作管控得如同軍隊，而且只需向李將軍一人報告。在上級發出命令、正式公告之前，村民很少有機會討論公共事務。

一九六〇至七〇年代，美弘村裡大多是軍人及其眷屬，或是隨軍的馬幫商人與一般民眾。因此，自治會的權威不會受到質疑或挑戰。在這種體制之下，村中三位最有權力者分別是自治會的會長（也就是泰國政府列冊的 *phuyaiban*），他直接向李將軍報告；華文學校的校長，負責處理學校的日常工作；以及華文學校的董事長，同時也是自治會的財務總管。

一九八九年，黃先生被任命為自治會的會長，然後他又指派兩名親近朋友楊先生與劉先生分別擔任華文學校的校長和董事長，形成三方共治。黃先生的父親是美弘村第三軍的高階軍官，與李文煥將軍的家人關係密切。他在十七歲初中畢業後，於一九六六年加入軍隊，與李將軍的孩子成為好朋友。黃先生敏銳的商業頭腦吸引李將軍的注意。一九七〇年代初，他即受邀管理李將軍所擁有的幾家投資企業，包括在緬甸蓬勃發展的馬鈴薯貿易與礦業。一九八一年，泰國政府授予雲南華人士兵公民權，當時黃先生才三十歲出頭，就與一對臺灣夫婦一起投資，建立一間食品加工公司。如今，黃先生在美弘擁有一家罐頭和食品加工廠，在本村及附近地區經商有成，可稱得上是村中首富。由於食品加工公司在旺季僱用超過三百名的工人，他也是村子最大的雇主。

黃先生就跟許多東亞成功企業家一樣，開著一輛賓士轎車，在清邁等地與他的生意夥伴和泰國高級軍官打高爾夫球。他擁有廣闊的社交網絡，讓他得以對外代表美弘村，在泰國的政策變遷中獲得先機以取得優勢。黃先生自一九八〇年代末經由李將軍的提攜，十年來在村裡擁有極大的權力，直到一九九〇年代末才與李將軍的兒子分道揚鑣，雙方關係逐漸疏遠。此時因李將軍長住在清邁，不過問村中事務，且黃先生財富已雄厚，可以不靠李將軍的支持獨當一面。

黃先生仰賴他的兩位好友楊先生與劉先生來共同治理村內事務。楊先生是華文學校校長，他曾是極為依賴軍隊的馬幫商人。一九八一年，第三軍裁撤後，楊先生轉向農業和畜牧業發展，從中發了一筆財。他擁有一座養了一百一十頭牛的牧場，和超過四百萊的荔枝果園。他割除荔枝園的草來餵牛，利用牛糞給荔枝樹施肥。楊先生告訴我，二〇〇四年時，他最好的一頭乳牛每天能生產約三十公斤的牛奶，每年的牛乳產量即超過一萬公斤。若以每公斤牛奶十泰銖計算，這頭健康的乳牛一年能帶為他帶來超過十萬泰銖的收入。儘管一百一十頭乳牛中，只有四十五頭生產牛奶，楊先生每年的總收入仍可高達四百五十萬泰銖。扣除勞力成本、人工飼料、運輸和各種藥物之後，他的年均淨收入超過二百五十萬泰銖，在美弘村是相當可觀的數字。

楊先生的五個孩子（三個兒子和兩個女兒），其中四位住在臺灣。長子是一名醫生，二兒子則是律師。他們都已成婚，並打算長期定居臺灣。兩個小女兒也在臺灣完成大學教育，一個是中學教師，年紀較輕的此時（二〇〇四年）剛從大學畢業，正在找工作。只有最小的兒子和媳婦留在家裡幫忙，打理家族事業。楊先生在臺灣的兩個兒子捐了一大筆錢給村中的一新學校蓋建新大樓，其中包含半數的教室和行政辦公室。他們宣稱，這次的捐贈是具體支持學校的表現。身為華文學校的校長，楊先生身負文化複製的重責大任，這是不少離散雲南華人認為最重要的使命。

劉先生則是華文學校的董事長，兼管美弘村財務。他在一九七〇年代初期，是黃先生的商業對手。當時泰國北部馬鈴薯的生產與貿易相當熱門，許多離散雲南華人都積極投入這筆生意。有一段時間，劉先生是北部清邁馬鈴薯批發商之首。然而，經過幾年馬鈴薯擴張種植後，難以避免的馬鈴薯枯萎病和鏽病襲擊泰國北部，引起大面積的農作物歉收。加上此時美國軍隊從越戰撤離，更促使馬鈴薯在市場上的需求大幅下滑。面對不利的商業環境，劉先生完全從馬鈴薯貿易中抽身，並開始專心打造在村子周圍的果園。

身為學校的董事長，劉先生還擔任自治會的財務總管，處理村中所有的公共基金。劉先生也有五個孩子，一個兒子和四個女兒。四位女兒都在臺灣，大多完成大學學業後留臺就業，而小女兒在二〇〇七年時仍在大學就讀。他唯一的兒子，三十歲出頭，與媳婦和兩個孫子一直待在村子。劉先生是名成功的商人，他將公共基金管理得很好，也掌管村中的日常活動。

從一九八九到二〇〇〇年這十年間，美弘村自治會的三方共治順利推展。當時美弘重建了華文學校，使其成為泰國北部僅有的兩個頒授高中文憑的華文學校之一。但是，隨著二〇〇〇年李將軍逝世，以及新移民不斷湧入村中，過去的軍事管理已經逐漸淡化。此外，村中內部財富和民族構成方面的逐漸多樣化，也開始產生不少摩擦和不斷擴大的不滿情緒。

泰國新政與村落政治

美弘村內部衝突的另一個原因，可以追溯到泰國政府建構民族國家的政策變化。二十世紀末以來，泰國政府致力於將邊緣地區少數族群融入主流社會，並在一九九七年宣布在邊區建立普選制度，村子可以選舉村長和村民代表。最初，為求邊緣地區的穩定，泰國政府要求村裡頭人（即原來任命的 *phuyaiban*）繼續擔任村長，直到二〇〇〇年完成普選。年輕一代的美弘村民接受泰國教育，願意融入泰國主流社會，開始挑戰村裡過去與軍事體制相關的寡頭政治。他們推動一項新的社區發展計畫，旨在重新定位村落的未來走向，強調泰國國家的優先地位，而不是維護想像中的中華文化和民族身分。

二〇〇二年初，泰國政府開始正式在偏遠部落地區推廣全民政治，美弘村也不例外。此一變革要求每個村子頭人（即以往的*phuyaiban*）轉讓其行政權力給新當選的村代表委員會，也就是說，此後將由村民選出的一位村長和三名副村長來管理村務。透過這種制度，泰國國庫直接向公民徵稅，然後直接補助村政府的公共行政管理部門和村幹部的薪資。村裡過去的自治權被剝奪，取而代之的是泰國國家及其憲法明定的公民權利和義務。

三、四十歲的美弘村民，一般都受過泰國正式教育，能讀、寫泰文，樂見這樣的發展。他們認為過去自治會的寡頭政治，既保守又不民主。但是，這樣的新發展，對老一輩離散雲南華人的權威產生直接衝擊。儘管如此，泰國政府的變革在即，自治會無法公開反對。

美弘村的選舉在二〇〇二年中舉行，成立了村委員會。村長由三十多歲的周先生擔任，和三名副村長負責管理公共事務。隨著泰國民族國家權力順利進入村中，泰國政府分配一百萬泰銖給新近完成選舉的村政府，以推動公共建設項目，並在村子中央新蓋了村政府辦公室。

但是，當新當選的美弘村幹部要求將自治會的基金和權力轉移到新的村政府時，遭到自治會領導黃先生的拒絕。經過長時間的談判，雙方同意二〇〇三年一月三日以後，村政府從自治會接管大部分的行政職責，如維護村內供水系統、收垃圾、公共安全、每週的農民市場，以及溫泉設施，和過去由自治會所經營的電影院等。有一段時間，村長周先生甚至提出要求，由村政府來接管自治會掌握的華文學校，因學校常被認為利潤豐厚。村民對於黃先生的統治愈來愈不耐煩，在這樣巨大的壓力之下，自治會三巨頭被迫辭職，並在二〇〇三年五月將學校業務交給村委員會。

至於新選出的村長周先生，村民說他的個人經歷很曲折，曾經參與販毒，且教育程度不高。當選村長後，他誤以為自己已經成為新的部落頭人，可以毫無節制地使用自己的權力。他成立村子保安團隊夜間巡視村裡治安，恐嚇那些公開挑戰他權威的人。他濫用權力的結果，不久即引來麻煩。二〇〇三年八月下旬的某個晚上，周先生的夜巡隊逮捕一名有吸食毒品嫌疑的村中青年。這名青年正是周先生敵手的兒子。周先生逮到機會，將小伙子打得頭破血流。隔天，當這個案件交給查巴干縣警方時，周先生才突然意識到他自己畢竟不是村裡真正的頭人，並不掌有絕對的權力。而且根據泰國民法，他的所作所為已經超出法律範圍。

儘管在泰國通常備而不用的法律制度下，向上級官署賄賂能快速地抹去各種指控，但是同樣的，自治會的成員也準備用自己的權力和金錢，企圖把周先生拉下馬來。周先生雖然透過賄賂成功逃脫濫權打人的刑事指控，但他也被迫在村民大會上公開認錯，繳回被他沒收的財產，包括華文學校和自治會的電影院，電影院後來由村內新成立的非政府組織來管理。

這個事件凸顯老年雲南華人移民和年輕一代的世代衝突，也顯示出誰與泰國政府的關係比較好。換個角度看，它揭示了泰國新政策將現代公民理念落實在部落地區，至少取得部分的成功。如同幾位西方學者的研究指出，泰國邊區地方或部落自治的減退，換來憲法規定的權利和義務，顯示泰國政府有意逐漸將所有的少數民族融入現代民族國家之中。[9]

對泰國而言，建立現代民族國家的時機可能稍嫌太遲，但新政策確實從根本上改變了泰國主流社會與少數民族之間的社會關係，以及人民對於公民和憲法權利義務的觀念。泰國以憲法契約的權利和義務來推動公民權，泰國政府、官僚機構、警察和軍隊將受一般公民的實質監督，憲法保障的個人人身權也更能得到保障，獲取身為公民的完整權利。

民族認同變遷

雲南位於中國西南地區的邊陲，擁有二十六個民族。人類學者安・馬克斯韋爾—希爾指出，雲南華人從中國的一個多元民族環境，順利轉移到泰國北部另一個多元民族社會，是頗有見地的看法。[10]但是，在這樣的背景之下，所謂「華人」的定義，對雲南華人離散人群來說，可能更為複雜。許多美弘村民都承認，在其祖父母或曾祖父母的時候，土司（當地部落首領，其權力獲得中國帝國朝廷的承認）仍然控制著雲南當地社會。這似乎表明，原先住在雲南這個民族混居地區的美弘村民，其近代祖先可能是當地的少數民族。不過，即使在今天，我們仍會看到村民的族譜，記載著他們的祖先如何、何時從中國內陸搬到雲南，而後又從中國遷徙到緬甸或泰國。但是我們也清楚，在漢化或半漢化的少數民族之間，尤其在中國西南，偽造某個祖先來源以聲稱自己是中國漢族的正統後裔，是很常見的現象。

一旦雲南華人跨越國際邊界後，過去的民族區分似乎已經消退。因此，當他們面臨新的族群分類時，「華人」一詞便產生新的涵義。在面對其他的泰國華人移民時，他們全都變成「雲南人」，以便與「潮州人」區隔；但相對於泰國人或其他山地部落人群，雲南人和潮州人又變成「華人」。一位年長的美弘村民，姓和，這是中國納西族的常見姓氏，而他也暗示自己來自麗江地區，那裡是納西少數民族的中心。當我們請問他是不是納西族的時候，他卻顯得不太高興，回應說：「納西族」這個名詞是中國共產黨的少數民族政策捏造出來的。他表示，自己年輕的時候遊遍中國各地，總是稱自己是來自麗江的雲南人。他極力主張，一九四九年共產政體成立後，刻意製造族群撕裂，納西才在他的家鄉被具象化成一個新的民族標籤。

和先生的立場反映出中國傳統民族或族群的觀念：它是模糊、脆弱且過渡性的，端視何者較能符合儒家思想文明的進化程度而定。[11] 其後到二十世紀發展出「民族國家」的觀念時，用特定的地理區塊劃分，加上相關的公民身分與權利義務，為這些穿越邊境的雲南難民，創造出一個新的身分意義和認同。正是在這樣的背景下，「華人」、「中國人」一詞對於泰北的雲南離散人群產生新的意義。

甚至在來泰北定居的早期階段，美弘村民已開始利用他們的華人性，即華人之間共有的倫理觀和運作方式，與附近村莊的華人和其他雲南離散人群社區建立族群網絡。從一九七〇年代擴大馬鈴薯的種植與貿易即可見端倪。美弘村民們與東方約三十公里的芳縣潮州人接觸；許多村民與潮州人是商業夥伴和朋友，有些村民的孩子甚至與潮州人結婚。雖然兩個華人群體有所差異，如潮州人的潮州話迴異於雲南人的西南官話，雙方無法以自己的語言溝通，而且潮州人一般有更好的經濟發展，但雲南華人仍欣然地稱潮州人為「華人」或「中國人」，就像他們稱他們自己為華人一樣。這種族群的連結有利於美弘，雙方得以共享農業知識、資訊，以及如本章所描述的市場連結。

晚近，尤其是一九八一年以來，不少受過華文教育的村民與臺灣的中華民國政府有密切接觸。臺灣政府捐錢給村裡進行公共建設，村中青年前往臺灣接受教育、就業、結婚定居和生兒育女。這些年來，也有一些臺灣人隨同他們的配偶回到美弘居住，增加了「華人」的多元性。

由於美弘村在地理上鄰近泰、緬邊界，成為許多緬甸難民的寄棲地，包括緬甸山區部落的撣族、佤族、拉祜族、甲良人等，還有大批的緬甸華人。緬甸華人自稱是明朝末代皇帝隨從的後代，於十七世紀中葉逃到緬甸，躲避戰勝的滿族軍隊，這些華人難民在緬甸東北部建立許多漢族的聚居地，保持中國的語言、教育和文化傳統。

村民們說，一九六〇年代他們剛到美弘時，還遇到許多在村子附近施行刀耕火種的山地民族，如傈僳族、拉祜族和阿卡族，以及在低地種稻的甲良人和泰國人。

一旦雲南人在美弘定居下來後，大多數的山區部落農民便將他們的土地賣給華人，完全離開這個區域。我請問我的關鍵報導人劉先生：當雲南華人在這裡定居下來時，這些山地部落為什麼要離開這裡？他的回答看似漫不經心，卻又不失典型的民族中心主義說法：「這是標準的漢來夷滅。」照字面上意義看來，中國漢人的到來，表示土著少數民族的終止。

由於泰北的多元民族共存，雲南華人離散社群發展出一種民族階層概念。而最能體現這個階層概念的，就是男性村民的擇偶偏好：既是為自己，也是為了自己的子孫後代。在閒聊中，村裡的年長男性經常會談論到誰擁有較好的婚姻伴侶。最理想的結婚對象是雲南華人，因為雙方使用同一種語言，有相似的習俗和傳統。第三軍的大部分高階軍官，以及與軍隊做生意的富有馬幫商人，都是娶了來自好家庭、受過教育的雲南華人女子為妻。次等選擇則是緬甸華人，因為他們也講雲南方言，也可以讀寫中文。接下來的選擇依次為潮州人和其他海外華人，包括臺灣人。即使他們講不同的語言，風俗也不相同，不過他們至少還是「華人」。

如果別無選擇，村裡男人才會考慮與鄰近地區的其他族群女性結婚。在此情況下，娶泰國人還是被視為是優於其他「山地部落」的選擇。一般的泰國婦女往往受過較好的教育，能幫助丈夫融入當地社會。村民心中最不濟的婚配選項是山地部落的婦女，只有沒得選擇的村民才會考慮迎娶撣族、傈僳族、阿卡族、佤族、拉祜族或甲良人。

對於山地部落人群的負面看法，某回田野中我在另一個雲南華人村落美斯樂參加宴會時聽到的對話，可以加以充分解釋。兩名中年雲南男子在酒後對飲，悲嘆命運無常。他們都是在文化大革命期間逃離中國，也都在泰北的華文學校當老師。當他們要分開時，其中一人安慰對方說：「喂，打起精神來吧！至少我們不必娶阿卡族的女孩為妻！」

這種負面的族群刻板印象，在美弘似乎世代相傳。二〇〇四年，自治會的舊勢力和新當選的村管理委員會之間矛盾不斷加深。原自治會委員如黃先生和劉先生，與年輕村長周先生水火不容、勢不兩立，這令我感到困惑。自治會領導指控周先生從緬甸走私海洛因到泰國，從中發了橫財。他們還說，周先生曾經因為涉嫌販毒而坐了四年牢。一位自治會幹部堅稱，根據泰國法律，周先生的犯罪紀錄應該能剝奪他當選村長的權利，但周先生設法賄賂法院書記官，才消除了他的犯罪紀錄。如今他改過自新，自稱是正派商人。此外，自治會的人還說，周先生頗為惡毒，擅長花言巧語，表面看起來既真誠又實幹，但當你轉頭時，他會從背後捅你一刀。

由於美弘大多數村民都曾有過毒癮或販毒的曲折歷史，以及經歷過人們記憶猶新的種種外來迫害，我已聽聞許多，因此自治會委員對周村長的這些指責，對我來說毫無新意。他們對周先生如此批評，仍令我困惑。我的困惑終於在二〇〇五年八月的某天得到部分解答。當時，我在劉先生的家中訪談另一件事，楊先生匆忙趕來，一進門就大喊：「那個混蛋老周真是不知悔改！只有卑鄙小人才會做出這種骯髒事！你知道他這個人的缺點是從哪裡來的嗎？」隨後楊先生轉身對我說：「就是從他那個低階士兵的父親和不識字的傈僳族母親那裡來的！」很顯然的，村裡的內部糾葛動亂，不只存在於世代差異，還涉及階層差異與族群刻板印象和歧視。

矛盾的政治忠誠與祖國認同

美弘村的第一代雲南華人因為中國共產黨而被迫離開家鄉，他們保持強烈的反共意識並忠於國民政府。國民政府對村民的援助，以及許多村內年輕人到臺灣念大學，並定居下來，都顯示這種連繫的重要性。自治會幹部至今還向中華民國的開國元勳孫文的肖像鞠躬，在重要的公開場合時也會向中華民國國旗敬禮致意。

然而，臺灣的政治情勢不斷變化，泰北雲南華人的看法不免亦受影響。二〇〇〇年臺灣總統選舉，獨派的民主進步黨取得政權，對美弘的金援因而大幅下降。民進黨政府解散了負責金援美弘及其他華人離散社區的「大陸救災總會」辦公室。如此一來，便切斷了臺灣與泰北雲南華人社區之間的正式官方連繫。於是，臺灣對美弘國民政府老兵的金援，轉由私人的宗教慈善組織慈濟功德會來支持，慈濟提供退伍軍人每月膳食津貼與醫療援助。如今，泰北雲南華人與臺灣之間的唯一正式連繫是大學入學考試。美弘的高中畢業生（包括其他泰北的雲南華人村落子女）可以參加臺灣的大學入學考試，通過的話可以獲得一些學費的補助。二〇〇二年冬季，村裡共有三十七名高中畢業生，其中三十一名通過考試前往臺灣入學。

臺灣政府對泰北離散華人減少金援，激怒了許多年長的美弘村民，他們認為被臺灣的民進黨政府和中華民國政府出賣。他們公開表示蔑視並批評民進黨、臺灣獨立運動，以及臺灣前總統陳水扁。一位村民甚至公開說：「如果臺灣宣布獨立，我志願帶領中國軍隊去攻打臺灣。」

雲南華人離散社群與臺灣間的關係改變，也促使他們另眼看待中國，逐漸改變他們對共產主義的極度敵對態度。雖然年長的村民仍然公開反對共產主義，但他們如今比較願意探討中國共產主義中的人道面。此外，幾十年來的「改革開放」政策，加上中國如天文數字般的經濟成長，也讓他們清楚意識到雲南親友生活條件的改善。過去數年，幾乎所有年長村民都曾經前往雲南度假，他們談論親眼所見的一些正面形象，以及中國正在發生的巨大變化。

更多年輕一代以創業為導向的村民，對中國的潛在商機深感興趣，特別是中國的新湄公河流域開發計畫，被認為能夠提高中國與湄公河沿岸國家，包括緬甸、寮國、泰國、柬埔寨和越南之間的河流運輸量。雲南省政府明顯知道泰北雲南華人的經濟實力，所以特別對他們發出邀請，積極建立良好關係。只要中國政府保持目前的政治軌跡，在政治上遠離共產主義，泰北雲南華人離散社群與中國之間的對立也許有機會化解。

不過，儘管中國的形象正在改變，大部分的美弘村民還是並不考慮回雲南定居。他們明確地表示，當他們還是金三角的無國籍難民時，感謝泰國國王蒲美蓬接受他們，授予其公民身分。此外，他們也認為，雖然中國正在迅速改變，泰北的華人離散社群還是比他們在雲南的親友生活得更好，光是泰國的冬天就比雲南溫暖舒適。

美弘村幹部竭盡所能地表達對國王蒲美蓬的感激之情。美弘村的入口拱門上即刻有中文對聯：「皇恩浩蕩，永無清償。」在公開活動中，村幹部經常提及國王的仁慈，並發誓成為泰國的好公民，以報答他的恩惠。

但撇開場面話不說，年長村民仍會不加思索地指出泰國地方官員和警察的貪腐行為。為了避免邊境巡邏警察頻繁地進入美弘村搜索非法移民，過去自治會會私下支付每月一萬泰銖以賄賂他們：六千銖給當地派出所，三千銖給移民事務處，另外一千銖給監督村務的警察。泰國軍方似乎比較沒有這麼腐敗，不過高層例外。例如，二〇〇二年初，泰國軍隊以消除鴉片貿易為藉口，沒收了美弘最富有村民的財產。這位村民費了很大的功夫，包括行賄上至曼谷的高階將領，才得以拿回被扣押的財產。不用說，鑒於自己的危險處境，極少數的第一代移民願意成為永遠的泰國公民。身為跨國移民，只要有機會，他們隨時準備前往新的地方，或是遷居到有更好生活條件的國家。

成為泰國人

投入泰國社會與跨國場域

第一代雲南華人移民通常對泰國社會抱持矛盾情感。一方面，他們帶有一定程度的蔑視，認為泰國人悠哉散漫、抱持享樂主義和以自我為中心，覺得泰國人對工作和生活的態度太過隨興。一般而言，如果沒有經濟壓力，泰國人看起來寧可消磨時光享受生活，也不會為了更多收入或未來收益而努力工作。村子附近的泰國男人在面對費力或困難的任務時，常會帶著酒瓶隨行。在辛苦工作過後，他們通常或多或少都喝醉了。此外，村民們也指出，泰國婦女渴望物質財富和舒適生活，更勝於關心長遠的家庭幸福。如果丈夫不能滿足妻子對奢侈品的需求，她就會去找更有能力的人，村民們認為這肯定是泰國或中泰夫妻離婚率高的主要原因之一。

不分世代，村民們抱持著儒家思想的實作觀念，視家庭福祉為核心和對應的社會關係為基本道德義務。同時，他們以階層化的親屬關係為典範，界定適當的社會行為，並更進一步以此區分出華人和泰人的精神領域。[12]多數的華人夫婦都會為了孩子省吃儉用，或是努力工作以保障家庭延續；相較之下，他們口中的泰國人似乎認為這些都並非必要。美弘村民的這些特質確實展現出典型華人家庭中親子關係的相互權利義務，以及儒家教誨中的孝順特質。

但是，我在田野中的諸多觀察與對話，也顯示雲南華人對泰國人的正面印象是平和、誠實與簡樸。黃先生，即村自治會的前任頭人，曾經向我抱怨美弘村民的叛逆和持續不斷的內訌。他與泰國人常有業務往來，並指出他們往往比雲南華人更為誠實可靠且信守承諾，不會背地中傷或搞小圈圈。黃先生進一步強調，泰國人是虔誠的佛教徒，總是面帶微笑，以雙手合十的宗教手勢與鞠躬向來者打招呼，與華人的進取競爭形成鮮明對比。黃先生補充道，泰國人著重田園詩般的悠閒生活方式，而這只存在於傳統中國文化中對世外桃源的描述。

另一位村民張先生來自緬甸果敢地區，三十多年前與美弘村的女子結婚後留下定居。當他開著卡車載我去清邁時，生動地向我描述泰國人和華人在駕駛汽車時的差異。他指出：「在路上開車時，你很容易就可以區分哪些是華人。不遵守交通號誌，總是抄捷徑，而且侵犯別人路權的，肯定是華人。泰國人總是輕鬆、悠閒和順其自然。而我們雲南華人永遠在趕時間，不尊重別人，為了個人的好處試圖規避法規。」但是，當我請問張先生關於村民對泰國人的負面印象時，他也立刻承認，與雲南華人相比，泰國人工作較不勤奮，也不規劃未來。因為這些特點，他不會考慮與泰國人成為貿易夥伴。

無論雲南人對泰國人看法如何，泰國人擁有很多雲南華人——特別是新移民——所沒有的東西：允許他們合法居住在泰國的證件。村民們回憶，一九八一年，當國王蒲美蓬授予雲南華人泰國公民的身分時，國王原本打算大赦，亦即將公民權擴及所有的國民政府軍人及其眷屬，以及住在村裡的一般雲南華人，如馬幫商人及其眷屬。然而，李文煥將軍拒絕了這個提議。他擔心如果所有村民都成為泰國公民，他們就會移居清邁或曼谷尋求更好的生活，美弘可能就此荒廢。因此，最終只有軍人及其近親獲得泰國國籍，其他人則被授予不同的居留證明，而非公民身分。搞不清楚狀況、也不在意的泰國政府就接受了這樣的安排。

來自中國和緬甸的非法移民不斷移入美弘，村民的居留身分就變得更為複雜。在泰國居民的身分類型中，至少有八種之多：（一）標準的泰國公民：在泰國出生，父母至少有一人是土生土長的泰國公民，具有選舉權和被選舉權；（二）歸化公民：例如，一九八一年被授予公民身分的國民政府軍人，他們能選舉投票，但不能成為候選人或擔任官職；（三）山地部落成員：合法的泰國公民，因為他們是泰國民族國家的一員。但是，由於其少數民族的身分，不能到部落保留地以外自由旅行；(四)合法居留的外國人：例如，不是雲南軍人而不能成為公民，但卻取得合法居留身分的其他美弘雲南華人。他們不能在選舉中投票，但可以到泰國任何地方旅行，最終很可能得以申請成為泰國公民；(五)戰爭難民：如緬甸的撣族或甲良族，他們為了躲避戰爭，逃到泰國定居，可以合法居住在村裡，在查巴干縣內活動；(六)有身分證的山地部落人員：如傈僳族、撣族、拉祜族或來自緬甸的阿卡族，其法律地位在泰國尚未建立，但由於他們與泰國邊界內的部落有密切關係，他們也被認定為「準泰國部落民族」，僅能在山區居住，不能住在村裡；(七)勞工證明持有者：因受僱關係而暫居泰國者；以及(八)外國人：如海外華人，擁有中國或臺灣的合法證件，擁有允許在泰國居留和旅行的合法許可，但每次最多只有六個月。

非法居民一般只是暫時住在美弘。他們有些在山地農場工作，住在農場工寮，每月收入約三千泰銖。其他則是擔任村裡的工廠工人或家庭幫傭，每月賺取約二千銖的酬勞。因為他們的非法身分，只能賺取低於市場水準的工資。來自中國受過良好教育的非法移民則可在本地華文學校謀得待遇較好的教職，上一章已對此討論過。住在美弘時，他們會努力學習泰國社會的基礎知識，包括語言、風俗、就業機會、

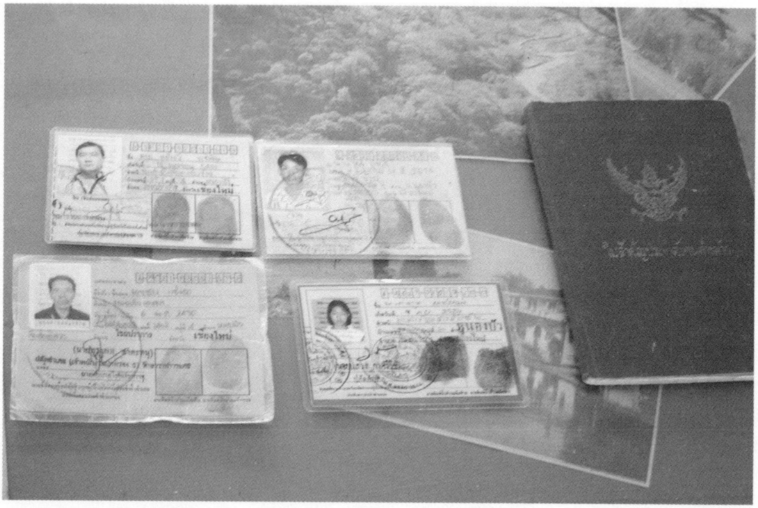

圖4.1 村民們所持五種不同的身分證

工資水準等。

非法移民一旦存夠了錢，便會開始探尋獲得合法身分的可能性。有幾種方法可以達成目的。一是賄賂泰國政府官員，尤其是查巴干縣的移民官可以偽造證件，證明某個移民來自緬甸邊境的某個山區，因而賦予其在泰國同族部落成員的合法地位。另一種方法，即承襲擁有合法地位的已故村民姓名與身分，這種方式所費不貲，因為需要得到死者家屬允許，以及當地官員的協助，假裝沒有注意到偽造文件。第三種方法則是與擁有合法身分的人結婚，這種方法的代價也很大，還需要合適的社會關係。最後一種獲取合法身分的方法是等待泰國政府定期的大赦，在此情況下，村子頭人可以為村中的非法移民提出申請。黃先生指出，最近的一次大赦是一九九九年，當時經由他處理而獲得合法身分的美弘村民超過一千人。

一旦他們取得合法證件後，移民大多傾向搬遷到清邁或曼谷，因為那裡容易找到待遇比美弘村更好的工作。村裡非法移民這種流動性的旅居類型似乎是常態，而非例外。他們視自己為過客，而非美弘、查巴干縣、清邁甚至是泰國的永久居民。

接受泰國教育與文化

由於經歷生命中充滿的偶然性，讓美弘村民感到個人身分、族群，甚至國家歸屬（公民權的形式）的不確定性與矛盾，這可清楚見於美弘村民後代的想法中。美弘的青少年在泰國出生成長，從幼兒園到一二年級，接受泰國以王室為中心的完整公民教育。[13]他們對泰國人的基本社會規範和宗教習俗相當熟悉，也知道父母因為民族中心主義而對泰國人有各種偏見和誤解。這些新生代在日常生活中背負文化差異乃至衝突的包袱，怨懟因而不少。

除了正規的泰國教育外，大部分村裡的青少年也被父母安排進入華文學校。這個學校是第一代雲南人為了維護「中華文化」，耗費相當的金錢、時間和精力所建造起來。許多村中孩子抱怨每天必須承受額外的學習負擔，他們很羨慕泰國同學相對無憂無慮的生活方式。不過，他們對華文學校教育的抗拒，卻又相對溫和。因為他們也明白，華文教育讓他們得以參與臺灣的大學入學考試。即使他們決定不接受臺灣大學教育，他們在華文學校學習到的知識和生活經驗，也多過同齡的泰國人。由於擁有雙語（中文和泰文）、甚至三語（中文、泰文和英文）的能力，美弘青年能在國際貿易蓬勃發展的曼谷或是泰國南部的旅遊業找到現成的就業機會。透過教育投資和繁重的課外學習，極有助於他們在將來提升個人的社會經濟地位。這不僅證明教育的重要性，也顯示泰國本地人隨興文化的局限性。

總之，多數的村中青年有能力也期望在泰國的主流社會成功。他們從小被父母灌輸、勉強接受的華人文化特質，如努力學習、勤奮工作、規劃未來和積極進取，有機會將他們快速推進專業階級，領先同齡的泰國人。換句話說，年輕的雲南華人，或許也包括泰國其他的華人移民群體，能夠運用華人族群認同的要素（儘管有時他們也會對此反感），輕易在泰國社會的競爭中取得優勢。在開放寬容的泰國社會，他們所擁有的中華文化慣習和特性，足以讓他們在不同城市、專業和中產階級擔任批發商、零售商、銀行家、教育工作者、財務經理、製造商、房地產開發商、國際貿易代理等。

然而，一旦有了工作，美弘青年也很快便摒棄與中國相關的文化標籤或生活方式，甚至族群認同，加入泰國主流社會。反過來看，我們或許能從美弘青年的轉變獲得啟發：年輕華人擁有的現實條件，讓他們順利獲得泰國中產階級的地位，但是他們也心甘情願隱藏或放棄自己的族群身分。在族群認同和社會階層之間達成妥協，這似乎是雲南華人與其他東南亞華僑的差異。

有些美弘青年甚至計劃運用這個特殊條件，以跨入泰國之外的全球舞臺。他們跨越區域、國家乃至洲界，以擴展個人網絡，其所倚重的重要特質就是「華人」意涵的靈活性。美弘村民被視為國民政府遺棄士兵，其許多後代也透過描述對反共產主義的承諾和孤軍後裔的苦痛，成功獲得臺灣的大學錄取，而且經常獲得學費補貼。據估計，至今已有超過千名的美弘村民在臺灣定居和工作，多數已在臺灣當地結婚，並取得合法居留權。他們之中不少人也為了旅行方便與潛在的社會福利，仍然維持泰國公民的身分。

有企業頭腦的美弘村民，也積極參與跨國族群網絡，與其他地方華人進行貿易和投資等經濟合作。他們加工當地特產，如醃製生薑，再透過臺灣貿易商出口到日本。同樣的，罐頭荔枝、龍眼、竹筍和玉米筍，則多由香港和新加坡的華人經銷商，銷往歐美及東南亞市場。隨著中國大陸人民生活水準提高，對烹飪原料的龍眼乾需求也愈趨擴大。二〇〇〇年以來，前往美弘和附近村莊的中國採購商與貨品交易商不斷增加，因為多數的貿易商對這裡並不熟悉，透過其他華人介紹就變得不可或缺。於是，泰北華人的存在，能提供當地特產區域市場價格的最新消息，促使多數交易順利完成。

圖4.2 卡車運送袋裝生薑到村內工廠

華人的跨國網絡不僅有助於尋求相似族群背景的合作夥伴，也有助於婚姻。一九九〇年代末，村裡最後的頭人黃先生將他的女兒美華送到美國學習商業管理。美華在美國時和一位與她父親有業務往來的人士交往，這位美國男子也是華人第二代。黃先生很開心地答應這門親事，因為他希望女兒嫁給華裔，即使這位年輕人不是雲南華人，他的祖父母來自廣東，而且他也不會說中文。

二〇〇五年夏天，另一位村民也告訴我，他的女兒即將和一位來自臺灣的年輕男子結婚。該名年輕人的父母在泰國投資，經常來此檢查生產設施。雙方父母都相當投入在曼谷的佛教慈善社團慈濟功德會。他們在一次的社交聚會上碰面，互相感嘆二十多歲的子女還沒有對象。於是，雙方父母決定把彼此的子女湊在一起，在臺灣的男方被要求前來泰國，與女方約會相親。第一次見面相當順利，半年後就結婚了。

多面向的華人族群網絡，提供了有益並可靠的跨國管道。泰北雲南華人離散社群因而能輕易融入廣義的華人社群，因為各方都具有相似的文化習慣與價值觀，亦有助於拓展合作關係，超越民族國家界線。對企圖成功的全球性競爭者而言，這些網絡利基在每次過境遷徙、貿易和連結時，都是不可或缺的條件。雲南華人有自己的文化工具箱，一個得以獲致成功的現成工具箱。

小結

美弘村已經從第一代建立在軍隊袍澤關係上的同質社區，逐漸演變得更為多元。如今的美弘村就像尋常的小型社區一樣，由於不同階層、財富與世代差異，表面上看似一體和諧的村子，內部衝突實際上已經明顯浮現。第一代雲南華人自己也觀察到，不僅是因為泰國政府邊區治理的政策變遷，其根深蒂固的族群與階級偏見，也使得緊張的內部衝突更為劇烈。

泰國北部的原國民政府軍人及其附屬人群，實際上來自中國西南的多族群環境。民族國家於他們原本只是遙遠的概念，是華人文化傳統中廣義的政治範疇，與日常生活沒有太大關係——這個看法似乎與他們所珍視的儒家大同思想不謀而合。[14]換言之，儒家以個人接受漢化的程度而非血統來區分民族屬性的觀點，符合雲南離散人群的需求。現代公民的概念，無論是基於「民族國家」領土轄區所界定的政治主體（如中國公民），或是經由血統傳承獲得的生物遺傳基因為基礎的身分（如海外華人），都是體現「華人性」的傳統觀念，而這也是儒家道德理想所認可的文化標籤，為泰北雲南華人所接受。

不過，當第一代雲南華人面對泰國這個民族國家時，他們卻不自覺產生出保存和再現自身文化遺產的危機意識；在這個過程中，他們具象化「華人」這個社會文化範疇，也在新的陌生土地上建立了看似具有持續性的農業生計。然而，他們積極推動的華文教育、大家庭、日常生活儀式與公民道德，卻造成意想不到的後果，引起世代衝突、社群內部糾紛與青年的大規模外流。同時，雲南老兵們對臺灣中華民國政府的幻滅、對中國共產主義政體根深蒂固的猜疑，以及對腐敗泰國官僚的蔑視，迫使他們追求去區域化的自我族群認同。但是，在建構新家園時，他們卻也同時堅持僵化的意識形態，一種不合時宜的「中國性」，藉以維繫逐漸削弱的自尊和認同，使他們成為真正的「失落」的一代。

雲南華人移民的後代，所面對的是眼前的泰國社會，比起他們的父母，他們背負的儒家文化包袱少得多，也較流於形式。他們也充分瞭解父母對泰國人與其他部落族群的誤解與偏見。對於這些年輕一代而言，他們得完全融入泰國主流社會，如此不僅在生活上理所當然，也有利於他們的選擇。就此而論，雲南華人的後代似乎印證施堅雅對整個泰國華人移民的觀察：三代以後，他們大多已經完全融入泰國社會。

不過，許多年輕一代的村民同樣也相當清楚，他們從父母和華文教育體系中所獲得的文化特質，為他們提供了更多的選擇，遠超過泰國同輩的競爭對手。在臺灣的教育和就業，也增加了提升社會經濟位階的可能性。即使他們留在泰國，到曼谷或泰國南部工作，其所具備的多元文化經驗與技能，也有利於他們晉升至更高層的職位。跨國族群網絡也為願意面向國際努力的雲南華人後代開闢了不少機會。因此，他們對於華人文化的態度與父母並不同，他們不具有本質化的文化堅持，而是視之為一種象徵資本，因此毋須在泰國公開實質地維護中華民族的身分標誌。年輕一代是積極且具有策略性的文化參與者，他們願意學習和運用這個象徵資本，以利於社會經濟地位的提升、進入跨國網絡貿易、移民，甚至是婚姻。憑藉著對彈性國籍與認同的務實看法，在這個後現代世界，他們成為真正的跨國公民。

1 Appadurai 1996; Edelman and Haugerud 2004; Sassen 1996, 2007.

2 Edlman and Haugerud 2004; Inda and Resaldo 2002; Sassen 1996, 2007.

3 Inda and Resaldo 2002: 5.

4 Ong1999; Sheffer 1986; Van Hear 1998; Weiner 1993.

5 Demmers 2007; Husband 1998; Stubbs 1999.

6 Esman 1986; Ong 1999.

7 Embree 1969，也見於 Thongchai 1994: 4。

8 Ong 1999: 17-18.

9 Keyes 1987; Wyatt 1982.

10 Maxwell-Hill 1998.

11 Harrell 1999.

12 又見於 Bao 2005。

13 Keyes 1987; Van Esterik 2000; Wyatt 1982.

14 Harrell 1999.

結論

從他者到自我

作為一名人類學者，我幾乎一輩子都在世界不同地區研究華人文化、農業與生態環境適應。對於不同人群與地貌的變化，人類學的訓練與生命經驗早已令我對差異見怪不怪。我探究的並非表象，而是試圖理解不同人群如何尋找內在的文化邏輯，及其與劇變世界的互動。儘管如此，來到泰北的美弘村，仍令我感到既熟悉又新奇。令我熟悉的是這裡的華人文化與農業生態，包括勤奮工作、對自然的呵護、長期規劃個人生涯、對家庭的重視等。讓我覺得新奇的則是，在中國與臺灣都逐漸消退的某些儒家文化面向，卻存在於這個華人的異域之中，並且持續發揮它的文化象徵意涵。更意外的是，維護這個理想型文化傳統的人，主要還是一群極可能原本為中國少數民族的非漢、非正規國民黨部隊成員。諸多的「非正式」建構出一個理想的「正統」，文化的多樣性及其矛盾，確實是人類學在世界各地偶爾可見的驚奇。

最初是兩個交錯的研究旨趣引領我來到美弘村。第一個研究旨趣是關於永續農業的問題，當時這正是世紀之交的美國農業中心愛荷華州的敏感議題。我開始進行本書的田野研究時，還在愛荷華州立大學任教，這是該州三個主要的公立大學之一，也是美國玉米種植帶的核心區。二十世紀末時，美國農業科學家針對「永續農業」這個議題展開廣泛且深入的研究。他們逐漸意識到美國大規模的商業化農作生產，可能已經對地球生態造成長、短期的潛在破壞，但此一問題卻尚未受到各界重視。當地的科學家雖然身處擁有世界最先進農業科技的美國中心地區，依然決定採取行動，無論是為了先發制人還是亡羊補牢，目標都是要改正自己所締造出的貌似成功的農業生產紀錄。

二〇〇〇年，我受邀加入愛荷華州立大學一個永續農業的碩、博士學程。這個新設的學程主要是由農學家與土壤科學家所組成，並負責規劃開設永續農業的課程。當時我所面臨的問題是，以實地民族誌調查為基礎的經驗研究，在教學上相當缺乏教材。我認為，建立於深入在地知識和詳細一手資料的民族誌案例，應該可以提供客觀比較的框架，協助我們瞭解「理想型」永續生態系統的實際運作，豐富並擴大這個研究領域的範圍和理論討論。

永續農業的問題在愛荷華州相當具有迫切性，主因是該州看似成功運用現代科學知識及其成果，包括工業產品（如雜交農作物品種、農藥、化肥等）、創新技術（免整地耕作法、保護性耕作、遙測、全球衛星定位系統等）、高產值作物（主要是大豆和玉米），讓這個農業之州不僅享盡大自然恩賜，且得以提高農業附加價值，飼養豬、牛、家禽所需的大量飼料和其他食品加工行業均蓬勃發展，使得該州成為世界各地農民羨慕的對象。然而，當地的農民與科學家都意識到，豐饒的農作景象下已出現難以永續的跡象，例如：風雨侵蝕造成農田表土流失；農藥流入天然河流與水庫所帶來的水源汙染；大量的動物排泄物或過多的農業化學品產生令人厭惡的氣味，威脅社區的生活品質；動物飼料中摻入的藥品危害人體健康，形成長、短期的潛在災難；基改作物無法確知是否會影響環境與人體健康；經營農場所需的工業產品價格不斷提高，獲利因而減少；這個農業制度所仰賴的石油與其他不可再生能源的儲量逐漸枯竭；最令人感到不安的是，從本州外出打工的農村青年不斷遷徙到美國東、西兩岸，使得愛荷華州的未來蒙上陰影。

如果像美國這種大規模商業化的農作生產，不是滿足人類基本食物需求的永續農業方式，那我們還有其他的替代方案嗎？美國的農業高度企業化、商品化的生產方式所造成的嚴重問題，可能透過小規模和勞動密集型的生產方式，來減少其環境惡果嗎？只是，全球化競爭日益加劇，小規模和非勞動密集的農作生產方式，又如何能勝過跨國的大型綜合企業型農業，開拓出專業化生產的利基，達成永續發展的基本條件呢？即使它們能夠找出在地專業化的耕作制度，並取得市場利基，但它們是否能夠成功培育下一代農民，確保社群自給自足？

對於美國農業是否能維持永續性的考量，讓我開始對泰北金三角的雲南華人感興趣。他們試圖在危機四伏的熱帶雨林山丘地建立農業生計。那裡的環境脆弱，任何少許的人為干擾，都可能輕易破壞其生態平衡狀態，甚至造成不可逆轉的直接損害。但是，他們卻能從季節性的農作物生產（主要是蔬菜和鴉片），轉型成為較為長期的果樹業。更重要的是，雲南華人離散社群還聲稱保留中華傳統文化，華人族群認同明顯。但令我好奇的是，比起愛荷華州的農民，泰北華人是否有辦法將年輕一代留在農村？總之，我決定在泰北美弘村這個小規模社區，進行仔細的田野調查，以瞭解其文化要素是有利於或延緩了朝向永續發展的「理想」狀態？

這個研究不但能釐清有關永續農業發展的問題，也得以在一種嶄新的社會政治背景下，瞭解中華文化及其如何轉變的分析角度。這即與我的第二個研究旨趣有關，涉及我個人的學術發展軌跡。在二〇〇二年我第一次來到美弘村之前，我在中國、臺灣和香港的漢人農村從事人類學田野調查工作已逾三十年，探討過的議題如農村土地改革、農村文化變遷、農作管理與技術變遷、農業合作化，以及農村兒童營養與健康等問題。雖然我調查過的田野地點泛屬華人文化圈，但我從不同的社會中所獲得的知識，仍加深了我對華人文化與社會的多元理解，譬如家族分工模式、婦女產前和產後的嬰兒照顧、農作勞動力交換、性別階級、社群儀式等。初到美弘村之際，我正準備擴大我的民族誌田野研究範圍，試圖超越傳統的華人文化圈，並探究全球大環境的變化，如何改變華人根深蒂固的文化習俗。這種擴大個人研究範圍的考量，引領我從即興式閱讀泰北華人離散社群的偶然，發展成為正式的研究計畫。

簡言之，這兩個交錯的研究旨趣，即外在的結構變遷與個人的專業興趣，互相結合孕育出本書的研究成果。

近期田野軌跡與感想

我最近一次拜訪美弘村是在二〇〇七年夏天，我回去做了十天的田野調查，主要是蒐集有關雲南華人飲食文化及其變化的資料。那時，一九六〇年以來管理美弘的村自治會，正是在這段時間變成民間組織，改選出新的董事。一九八九年，李文煥將軍透過據稱是「開放」的選舉，選出黃先生擔任自治會會長來管理村子。而二〇〇七我所見證的這次新選舉，則是由年輕一代的村民來策劃，他們已掌握了村政府的運作，希望永遠趕走自治會的過去領導黃先生。美弘村世代衝突似乎揮之不去，這是自二〇〇〇年以來我所觀察到的最近一次公開衝突。以下是二〇〇七年八月一日我的田野筆記：

中午村裡的廣播系統宣布，村自治會將在今晚七點整，在華文學校禮堂舉行年度會議。廣播播報員是周先生，他從二〇〇二年起開始擔任美弘的村長。他掩飾不住內心喜悅，提醒全體村民踴躍參加。他宣布：「這是我們村裡歷史的新篇章」。廣播之時，我正在劉先生的家裡吃午飯。當聽到這個廣播時，劉先生，前華文學校董事長，也是黃先生的親密盟友，搖搖頭沮喪地說，實在沒有必要在這樣公開的會議上再次羞辱黃先生。黃先生已經承認自己的失敗，二〇〇七年一月也已經將華文學校移交給周先生。劉先生說，周先生仍然認為華文學校有巨大的利潤可圖，而自治會的存在可能妨礙他的賺錢計畫，這就是他要完全摧毀黃先生殘存勢力的原因。

接近晚上七點鐘，我和劉先生前往學校禮堂，見證村內權力的最後轉移。觀眾席還有一半空著。只有幾個婦女和兒童前來參加。婦女們聚在一起閒聊，孩子們四處亂跑喧譁。直到七點三十分，禮堂逐漸坐滿。當正式會議開始，周先生走到講臺上，談起最近村裡發生的事情。然後，他介紹由他所任命的選舉委員會，以審查自治會的候選人。劉先生很不高興地向我抱怨，所有七個委員都是周的毒癮朋友。之後，委員會主席介紹唯一的候選人，林先生。林先生走上講臺，簡短地說明他將如何以自治會協助村務。林先生的普通話說得極好。看到我的疑惑，劉先生告訴我，林先生能說一口流利的普通話，是因為他有將近二十年的時間在臺灣販毒，之後也在那裡接受戒毒計畫。

在林先生簡短的競選演說之後，周先生要求民眾若願意讓林先生擔任自治會新董事可以舉手。只有不到一半的人舉手，其餘的人對發生什麼事似乎仍感混亂和不確定。看到有人舉手，周先生很快宣布，大多數村民已經通過林先生的候選資格。從今以後，由林先生接替黃先生成為自治會的新董事。在那一刻，周先生要求黃先生上來講臺。黃先生穿著一貫的長袖白襯衫，走到講臺，發表感人的談話。他感謝所有村民在過去十九年給他機會為大家服務。他還為他任職期間所犯的錯誤道歉。談話結束後，他將包裹著大紅緞子的官印交給林先生。當他離開禮堂，不耐煩的觀眾也開始散去。這樣看似順利的權力交接，隱藏著兩代之間的長期鬥爭，標誌著一個新時代的到來。美弘將重新適應泰國主流社會，為最初移民所推動的華人離散人群複製中華文化的計畫蒙上一層陰影。

目睹美弘村的此刻發展，無論是理智上或就個人而言，都觸及我的心靈深處。以我身為「華人」的特殊生活經歷，在一定程度上我頗能理解雲南華人離散社群的訴求，無論不同的老少世代。我在中國重慶出生，母親是上海人，父親則來自廣東潮州。因此，我的母語是四川話與母親的上海話。四歲的時候，我們全家搬到海南島，後來又到了香港，我第三個學會的語言便是廣東話。一九五一年之後，我家又搬到臺灣嘉義，在那裡我與同學及鄉親使用閩南語，當然也會說「國語」。一九七〇年之後三十五年間，我從密西根州立大學人類學研究所取得博士學位，之後我的人類學教學生涯由愛荷華州開始，日常和專業用語已經變成英文。看著我自己的人生歷程，我能運用幾種不同的語言，而且可以輕鬆地從一個換成下一個，毫無障礙，但我卻從未能說父親「故鄉」的潮州話。

同樣的，我到過中國大陸不同地區、臺灣以及美國，居住過為期不同的時間，卻從未曾真正感覺歸屬任何一處，但也沒有缺乏認同導致的心理障礙。這樣的生活經驗，加上我的人類學訓練，讓我質疑「故鄉」的意義，以及如果沒有「民族國家」

的標籤，人們可以建構出什麼類型的個人身分認同。

但是，很明顯的，有些人可能非常關心如何建構這種類型的自我認同，無論是基於先天繼承的、後天學習的或想像的，並且可能花很多時間來追尋答案，甚至要求旁人一同加入。我在泰北美弘村對雲南華人離散社群的研究，尤其是從他們的日常生活入手，應可提供具體線索。第一代雲南移民使盡全力在泰北這塊陌生的土地上策略性地經營，以體現自己的「中國性」。他們巧妙地運用農業生產知識，建立與其他海外華人的商業網絡。在全球冷戰時，由於他們明確的反共意識形態，成功吸引著東南亞反共產主義聯盟的支持（如泰國、美國和臺灣中華民國政府）而確保自身的生存。他們曾參與非法毒品的生產與販賣，而後又成功轉型為山區熱帶水果的生產者。如同第二章所討論的，令他們自豪的中華文化認同，建立在一個看似可行的農業社會，其特點包括關注環境保護、經濟上足以維生——這些特質都符合永續農業的衡量標準。

但是，美弘村第一代移民所努力追求的生命目標，卻似乎對我的人類學觀念提出挑戰，因為我明顯看出他們的下一代，對這樣的努力成果似乎感到不滿，甚至蔑視。這難道只是所有人類社會都必須面對的一般「世代衝突」嗎？我該如何跨越時空，去評估美弘華人離散社群複製文化的努力，究竟是成功還是失敗？或者，這個問題是否重要？為了釐清問題的本質與解答，我必須將此狹隘的民族誌田野地點，置入無所不包的全球化浪潮，才能廣泛又深入地理解泰國北部山區這個偏僻的角落。

若要解開這個美弘雲南華人離散社群，如何嵌入其本身生產和再生產的壓縮時空，按照本書的民族誌描述，在本章結論中，我將之分為兩個層次來討論。第一層涉及第一代移民的做法：他們藉著受爭議的文化慣習，和一個想像的華人身分，相互交織成建構和維持這個移植社會的基本架構。雖然這些措施看似實用，但我想說明的是，這些文化慣習如何隨著時間推移，逐漸退化成一僵化、充滿怨懟，最後甚至否定自我的社會秩序。

第二層次的分析，我希望在全球化的背景之下，以我們對華人離散社群的理解，能歸結出新的理論意義。二十一世紀全球化的宏觀敘事，已經對人類生活產生許多實質影響：跨境貿易的增加（如新自由主義、放鬆管制的經濟政策使關稅減到最少，貨物更易流通）、民族國家的重組產生社會關係的新議題和挑戰（如民族國家的弱化，導致其成為國內和國際事務調節者角色的弱化）、全球離散人群的生產和複製（如具有高度地域流動和多重身分的跨國工作者），以及跨界連接的崛起，還有新的全球事務與社會實體。[1] 當代學者所提出若干全球化的理論問題，都可以根據美弘村的資料加以梳理出來。

民族主義成為社會痛苦根源

美弘華人離散社群的特殊性，在於他們對「文化中國」與「中華民族」的特定想像與具體實作。他們在一九四九年後離開中國時，相信中國共產黨正在破壞傳統中華文化，其原有的文化遺產正面臨存亡危機。對於美弘的第一代移民來說，他們忍受了金三角的嚴峻環境、努力奮鬥，也曾為了生存投入非法毒品的生產和貿易，這些都已成為集體回憶的一部分。而支撐他們堅持下來的理念，就是他們自己是真正的中華文化遺產守護者。

這些雲南華人的共享經驗和做法具有決定性的社會影響，形塑了美國醫學人類學者凱博文（Arthur Kleinman）及其研究同儕所稱的「社會痛苦」（social suffering）。這些社會痛苦「源自於政治、經濟和制度等力量，加諸於人們，以及相對的，這些力量又如何影響他們對社會問題的回應」。[2] 在美弘，第一代雲南華人最初忍受的集體痛苦，即是身為流離失所的戰爭難民，被迫離開中國，後來成為泰北山區少數族群中的一個群體。正是由於這些共同的艱辛歷史經驗，讓我們瞭解雲南華人第一代離散人群及其社會痛苦的集體記憶，如何進一步銳化成為比生存奮鬥更為重要的象徵意涵：「痛苦的歷史記憶……有其當前的用途……即將民族主義或階級、種族的反抗，就地合法化。」[3]

正因為這種極端的民族主義與強化的民族對抗，讓第一代的雲南華人視理想的儒家文化為他們「渴望歸屬」的支撐點，一如大多數的離散人群都會尋找出精神寄託的支撐點。[4] 對他們而言，儒家思想顯然只是一個具象化、或能增強他們公民身分或民族性認同的傳統文化標誌。他們大多為了能在泰國長期居留而接受泰國籍，但他們的民族身分標籤仍為「文化中國」，而非實際存在於某個國土境界內的華人政體，無論是中國共產黨還是臺灣國民黨。

他們在美弘展開農業生計的初步成功，已使這具象化的中華文化，具有看似可行的鮮明特色，且無可質疑。這批懷著深度鄉愁的美弘武裝移民，最初曾遭受甚多社會苦難，卻在時空翻轉後，藉由建立起一個新的社會秩序，讓自己翻身，而對社區內及泰北鄰近地區的其他弱勢團體加諸各種社會歧視。他們的生存努力奠基於嚴格的軍方層階和僵化的儒家道德教誨，而其所複製的理想化華人社會，卻在此塑造過程中成為病態且不合時宜的理念與實作，這個轉變過程我稱之為「文化僵化」。

所謂僵化，我指的是一個文化的特殊發展軌跡，即傳承而來的文化實作，已經具有形式上的特質或權威，並因而能扼殺創造力、壓制異議，且透過對正統的詮釋，來解決內部衝突，這可謂文化變遷的終點，或者內耗的起點。對於錯綜複雜、令人費解的文化僵化過程，過去的研究已提供諸多案例。例如，在中國歷史上，歷史學者伊懋可（Mark Elvin）就曾提出「高層次的平衡陷阱」的觀念，來解釋為何在輝煌的宋代，中國文化就退化為缺乏自主創新的能力。[5] 在此期間，中華文化本身的成就已經產生並強化成為自我優越感，進而阻礙了創新和變革。另一個類似文化僵化的例子，是紀爾茲在荷蘭殖民地爪哇的研究。他研究當地錯綜複雜的農業社會變遷時，使用「文化內捲」（cultural involution）一詞，來形容扼殺發展的過程。爪哇農村的內捲發展，是一反進化和反進步的過程。其特點是在有限的土地資源下，不斷面臨人口增長的壓力，而荷蘭殖民政權對大自然的掠奪，又阻礙了技術革新。結果造成當地爪哇農民只能依賴日益複雜的社會共享和精神支撐，來分散共有的貧窮。[6]

美弘的文化僵化，就是這種非進步的、僵化的社會過程。諸多基於儒家理念衍生出來的規矩與禮節，在他們的生活世界中，宛如時空已然凍結。在正式的公眾集會、學校教科書，還有日常儀式表演中，儒家規訓一再被表揚。在這個理想的道德世界裡，「在上者」（即軍隊指揮官、工廠老闆、父親和丈夫）都應該照顧自己的「下屬」（即普通士兵、底層工人、兒女和妻子），但是同時也有權責罰他們。前者往往在公開場合裡誇口自詡如何關心後者，並要求後者以忠誠和服從作為回報。然而，每當有機會，在上者又常利用下屬，剝削其勞力，掠奪其財務，甚至迫使他們從事非法活動，或者乾脆賣女為娼，以滿足他們的毒癮。

因此，在美弘日常生活中所呈現的社會階層互動，常令我感覺是從上到下的虛偽與矯飾，也許由下對上也是如此。那些擁有權力、權威，並有能力提供下屬照顧或物質利益者，通常會沾沾自喜地說，他們已經為後者犧牲太多。然後，他們又抱怨自己的善行完全沒有得到下屬的回報。然而，反向而言，我也會發現下屬對在上位者的不滿情緒與不信任，不僅會私下表達，也可能在群體活動上公然表現出來。

諸如此類的互相藐視或缺乏信任，瀰漫在美弘社會生活的各個角落。幾乎所有的美弘公眾人物都受村民指責，說他們不顧廣大民眾的利益、涉及貪汙或行為不誠實。例如，李將軍是第三軍的大家長，但被認為是從非法毒品交易中受益最多的人。

對村內其他官員腐敗和個人不當行為的指責，雖然沒到如指控李將軍的程度，但幾乎包括所有的公眾人物，如李將軍手下的高階軍官、過去村自治會的領導、現在的村長、華文學校的歷任校長和董事長等。

也許因為美弘村曾具有嚴格的軍事管制，所以比起其他泰北的雲南華人社區，這些內部指控的問題更為嚴重。不過，美弘村也擁有一群叛逆、桀驁不馴的年輕人。他們要不就是完全放棄這個社區，不然就是藉由訴求泰國官方的力量而對村內體制展開反擊。在進入新世紀時，美弘的社會環境已演變成針鋒相對的論述：對第一代雲南人而言是「病態」發展，而對其後代而言，乃世代交替遭遇的「頑強抵抗」，年輕一代奮起挑戰寡頭政治的統治，成功地將第一代從村裡的權力階層中移除。

諷刺的是，正是這種想像的中華文化，使得第一代雲南華人在美弘有效地建立起合適的農業生計，其文化也使他們有別於金三角地帶的其他少數族群。然而，他們固執地重建、維護的文化，甚至不同於中國、臺灣或泰國其他地方不斷變遷的華人社群，產生了一個充滿形式主義、呆板和缺乏創新的社會，可說是生活在一個被具象化的中國性所凍結的時空中。

對美弘第二、三代的村民而言，他們的認同選擇機會多於第一代。不少年輕村民已經接受全面的泰國教育，坦然融入泰國人的生活方式。對他們來說，父母所強調的文化標籤，已是過時的東西。然而，他們也很策略性地運用從父母或當地華文學校所學到中華文化遺產面向，如語言能力、對金錢的敏銳度、辛勤工作的性格，還有重視人際關係等，然後將之轉換成對自己有利的社會文化資本，成功晉升到專業階層。這個附加的族群或文化認同，有助於他們在自己出生與選擇的國家——泰國，獲得美好的生活。至於那些不滿足於以泰國這個民族國家為人生選項的年輕村民，則不受國界限制，而放眼其他地方的移民機會，如臺灣、新加坡、澳洲、歐洲和北美。

換言之，一個人決定是否成為過渡的寄居者，或是民族國家的長久公民，還視諸多情境因素而定，無法簡單標籤化。他們所關心的公民身分和國家認同，似乎只是過渡性的和有條件的，端視個人盤算各種替代方案而定，以便追求一個更好、更合適的道德生活，並不受儒家思想的約束。

這樣的發展，頗為符合霍爾（Stuart Hall）對後現代世界裡新形式自我認同的描述：「個人身分認同，從具體時間、地點、歷史和傳統中脫離，變得互不相連，且能『自由流動』。」[7] 霍爾還指出，「民族主義和族群認同是一種過時的『個人歸屬感』。

現代化的革新力量，會使諸如此類的情緒消失不見。」[8]在泰國北部山區，隨著全球化浪潮不斷擴展，華人的保護罩逐漸褪去，因民族主義而來的社會痛苦也逐漸釋放。我們正目睹華人離散社群新世代的成形。他們接受新的社會身分和全球觀點，從根本上與他們的祖輩不同。

華人離散社群與全球化

若是將過去和現在的華人研究對比，在華人離散社群和全球化的研究之中，我們如何定位美弘的雲南華人？我在美弘村的觀察所見令我感到遲疑，無法將之投射到王愛華在東南亞所觀察到的一般海外華人。[9]王愛華認為由於華人在東南亞長期面臨各種限制或排斥，使他們願意藉用文化認同的保護傘，強化內聚力。但雲南華人離散社群所面臨的整體環境，在幾個方面與其他東南亞華人社區明顯不同。首先是泰國社會的本質與其他社會明顯不同。從容易適應、高度包容力的標準來看，泰國常被視為是理想的多元社會，外籍人士在此很容易找到舒適的個人位置，為泰國主流社會接受。因此，相較於早期雲南華人在美弘定居時所建立的嚴格保守、壓抑控制，以及性別歧視的社會環境，成為泰國公民儼然是一個受年輕人歡迎的選項。

第二，不同於其他的海外華人離散社群，美弘村的年輕一代急於想甩掉離散人群標籤，我推測原因與泰北雲南華人早年毒品生產與販售的惡名有關。即使在泰國這樣高度包容的社會，一九六〇到八〇年代二十年來的鴉片生產、精煉海洛因，毒品貿易跨越國際邊界，惡名昭彰，在泰國民眾之間，「雲南華人」已成為「非法行為」的代名詞。當年輕一代的雲南華人擁有成為泰國人的選項時，必定欣然接受。此外，即使他們不想同化入主流的泰國社會，新一代雲南華人具備的文化資本，也讓他們擁有愈來愈多的機會遷徙，前往其他提供替代認同方案的國家。

在本書的最後部分，我希望將對美弘的分析推到另一個層次，即討論離散人群的形成、全球化、跨國主義，以及全球化背景下，民族國家如何被重新定義等理論方面的問題。

首先，眾所周知，民族國家是否逐漸消失，是全球化理論學者一直爭論的問題，有些學者認為全球化將會消弭國界與認同。[10]身為跨境難民群體，雲南華人可稱為原始的跨國者，以尋求建立「後民族國家」的生存。在此情況下，我們可以依此學界討論觀點提出這樣的問題：他們逃離中國後，是否且如何產生「去屬地」傾向，建構跨國網絡，以便消滅以民族國家為中心的狀態？

當美弘第一代移民展現他們的文化知識和社會資本，以維持他們在泰北混居民族中的生存時，我們能否視之為一超國家實體的展現？傳統的民族國家將人民、文化、語言、領土、主權和公民身分捆綁在一起，成為單一實體。而泰北的族群混居與多元政治身分是否超越如此的定義？此外，當許多雲南移民的第二、三代，正當目前全球化進程加快之際，毫不遲疑地放棄父祖輩所珍視的華人身分，熱中於融入泰國主流社會或其他政治實體時，我們能否以之作為民族國家消失的另一個跡象？

再者，當全球訊息、商品、資本的流量加速，甚至包括人們在國界之間穿梭，也有人認為，後現代生活的流動性，必然導致二十世紀所盛行的現代性自我認同模式弱化，無論是基於國家、階級、民族、語言或性別。[11]

雲南華人離散人群符合這些特徵到什麼程度？他們得以何種形式、或多樣的後國家秩序類型作為現代性自我認同模式的替代品？他們是否已發展出跨國的公共場域，即阿帕度萊（Arjun Appadurai）所稱之「離散的公共領域」[12]，來代替他們原初的身分？他們是否且如何以「社會性的日常實作、集體記憶、經濟交換，以及文化想像與生產的工作」[13]，來維持離散人群間的連繫？

根據我在美弘的研究觀察，我認為以上學者認為民族國家即將消失的說法似乎言之過早，其實有些研究者也普遍認為全球化不會導致民族國家的消失。[14]第一代美弘離散人群以想像的「文化中國」，[15]確立其民族國家認同。至於第二、三代村民，一旦他們拒絕具象化且僵化的「文化中國」時，他們便迅速轉向其他民族國家——泰國、臺灣，或任何能承諾提供其向上流動機會的國家。為了個人便利或難以預期的需求，他們可能擁有多種身分認同，甚至多本護照。但民族國家作為「處理社會過程的容器」[16]的存在事實，卻從未受到根本的挑戰，仍然是人群的追求，不論是基於社會痛苦的民族主義，抑或追尋幸福的全球化機會。雲南華人離散人群可能是傑出的跨國典範，但他們的生活經驗仍是奠基於民族國家的存在之上。

同樣的，我們如何看待全球化理論學者所提出的下述問題，即關於建構新跨國政治實體的可能性，無論是啟動後國家政治秩序的「離散的公共領域」[17]，或是抵制歐洲中心資本主義的「海外華人人際網絡」[18]？離散人群的跨國連繫是否就足以提升為新的意識，以挑戰現有的民族國家或是西方霸權資本主義？我相當懷疑這個命題。

我在美弘的研究觀察，雖然無法提供確切的實證證據來支持或反對以上論點，但我的理解是這樣的：雲南華人離散社群，包括最初的定居者及其後代，都跨越國家邊界、保持活躍的社會關係。他們從其他地方、泰國或更遠處的親戚、朋友、同事、乃至於一般的華人之中，尋求有關貿易、就業、教育、甚至結婚的機會。他們積極經營人際關係，將其轉換成有效的社會文化資本，而這些一向都是華人社會生活的一部分。在這些方面，他們似乎與世界各地的其他華人社群，無論是主流社群或離散人群，都有著相似的文化特質。

第一代的美弘離散人群可能懷有強烈的反共產主義意識形態，因此對某些本地活動，如販毒、冷戰活動、農產外銷等，抱持特定的全球性視野。然而，大多數的美弘第二、三代村民，他們更關心的是眼前的個人需求，像是完成適當的教育、尋找工作、經濟獨立，建立家庭等。換句話說，他們可能已經發展出新的個人主體，不同於他們的父祖輩。但這樣的主體性其實相當平凡，也不會超越他們自身的經驗視野與局限。年輕一代的美弘村民可能為了獲得更理想的生活，或可能為了獲得另一個民族國家的身分，就放棄他們的泰北華人標籤。在此層意義上，他們不僅令其父祖輩的離散群體複製計畫無法繼續，他們無心也無力推動新的跨國社會秩序，建構另一種具有公共性意義的華人離散社群。這可能也讓全球化理論的學者失望。

簡言之，我對美弘華人離散社群的研究，雖然目前仍無定論，因為全球化和在地化的對抗力量正在發揮巨大的力量，繼續塑造這個過程及其最終結果。最初的雲南移民在泰北荒野建立起自己的文化堡壘，複製儒家社會秩序之時，似乎是個成功的開始。然而，置身於以友善著稱的泰國社會，這個令其自豪的文化遺產，卻逐漸引發內部的矛盾和衝突。全球化提供了現成可用的國籍或認同替代品，美弘新一代村民為了其他的歸化身分，脫下僵化文化的外衣，他們的選擇似乎更為多樣化，勝過任何理論模型的預測，或者不符合某些理論的預測。全球化確實是當前時代的巨型敘事，但美弘新一代的全球公民，仍然在他們認定的民族國家中，確立自己的主要社會身分。

至於雲南離散人群是否能在此建立永續社區的答案，已至為明確。他們在山地農業生產技術和管理、銷售上，似能在短、中期內維持，並持續令其他族群羨慕的生活方式。但由於其僵化的文化規範，使得世代延續會成為日益困難的挑戰。從社會再生的角度看，第一代離散人群的永續經營夢想，將難以達成。不過這大概已不是他們的後裔所關心的議題了。

1 舉例來說，王愛華觀察到一般華人離散人群之間抱持著：「不論是民族主義式和跨國主義式的國家主義者，他們不僅拒絕西方的霸權，同時借泛宗教文明的論述，尋求促進東方的崛起。」（Ong 1999: 18）他們更進一步試圖確立：「個人主體建構的新模式，以及英勇的新型態的主體性價值。」（Ong 1999: 19）。

2 Kleinman et al. 1997.

3 Kleinman et al. 1997: xi.

4 Ilcan 2002.

5 Elvin 1977.

6 Geertz 1963.

7 Hall 1992: 302-303.

8 Hall 1992: 314.

9 Ong 1999.

10 如Appadurai 1996; Lewellen 2002; Ong 1999; Parrenas and Siu 2007; Walker 1999。

11 如Appadurai 1996; Horstmann and Wadley 2006; Ong 1999; Parrenas and Siu 2007; Sassen 2007; Walker 1999; Yeoh, Charney and Kiong 2003。

12 Appadurai 1996: 22.

13 Parrenas and Siu 2007: 2.

14 Lewellen 2002; Ong 1999; Walker 1999.

15 Tu 1994.

16 Sassen 2007.

17 Appadurai 1996.

18 Ong 1999.

誌謝

我的民族誌專書*Reproducing Chinese Culture in Diaspora: Sustainable Agriculture and Petrified Culture in Northern Thailand*於二〇一〇年在美國由Lexington Press出版。這本書的主要研究對象是一九四九年後流落在泰國北部的雲南華人。一九八〇年代他們在臺灣被描繪成國民政府撤離大陸時，遺棄在東南亞的「孤軍」。臺灣社會廣泛關注這群堅毅不拔的孤臣孽子，並展開各種實質援助，包括承認他們的軍人身分和補發積欠的薪俸。一個世代很快過去了。進入二十一世紀後，這些雲南華人在居留地的發展如何？他們或他們的後代，是否已順利融入當地社會，成為僑居國的新成員？或者，他們仍堅持中華文化傳統，強調漢族認同，維持當地少數族裔的身分，拒絕同化泰國？本書的民族誌材料得自於我從二〇〇二至二〇〇八年在泰北清邁省查巴干縣美弘村的田野調查。本書英文書出版後，我願意將該書自行翻譯改寫成中文，以饗華文讀者。不過，其後由於雜務纏身，書寫工作一再延宕，直到二〇二一年初才完稿，終能付梓問世。

在泰北清邁山區美弘村從事研究的念頭，始於二〇〇〇年的夏天。當時我在福建廈門市的一個人類學國際學術研討會中遇見雲南大學人類學系的楊慧教授。楊教授告訴我，一九九〇年代初她和已故的先生王筑生教授（其先生前也是雲南大學人類學的教授）與幾位研究生曾到泰北清邁的美弘村從事雲南華人社會的研究。王筑生教授過世後，楊慧教授心情不佳，多年未再前往美弘村。當我在廈門遇見楊教授時，她問我是否有興趣參與此一計畫，並囑咐我留意看能否爭取到研究經費，重新開啟這個計畫。

於是，我仔細研讀一些關於雲南華人在國共內戰後期因國民黨戰敗逃出中國大陸，在東南亞形成離散社群所經歷的曲折歷史，以及金三角地區複雜的族群關係著作之後，深信這是一個值得探究的議題，便開始規劃本研究計畫。計畫主要追究的問題是：一九四九年後逃離雲南的華人地方部隊及其家屬，到金三角後為生存計，曾積極從事鴉片生產和毒品販運。但經過多年的適應後，他們已轉型為熱帶作物種植的山區農民和銷售其加工品。這種生態適應變遷的結果是否成功，必須採取多面向的整合性研究方法，以不同學科的方法與工具，進行質性與量化兼顧的資料蒐集，才有可能達成研究目標。

為執行如此周詳的研究計畫，我認為必須組成一個跨學科的研究團隊，從不同面向分頭進行研究，綜攝出完整的基本資料和具體成果，以利全面瞭解。於是，我透過無數次的電話、電子郵件和信件往來溝通，聯繫到多位研究工作者，組織了一個來自不同國家的多學科研究團隊，並成功地申請到溫納—格倫（Wenner-Gren）基金會的人類學研究經費。這個國際合作研究計畫於二〇〇二年底正式開始。

研究團隊的組成，是因我們有著共同興趣，因而同意一起合作參與這個研究計畫。本團隊既是跨學科又是跨國籍，彼此相得益彰。順帶說明的是，在二〇〇二至二〇〇五年的研究資助期間，所有人員都參與這項計畫。然而，在完成各自的個人計畫後，由於諸多因素他們便不再繼續參與本計畫。因此，最後由我全權負責撰寫報告與本書稿。以下我先來介紹說明六位參與者在研究期間的個人專長和興趣。

Pong-in Rakariyatham 教授，於二〇〇二至二〇〇八年間擔任清邁大學地理學系的教授兼副校長，他擅長使用地理資訊系統（GIS），以此重建美弘村附近的地貌變化。透過過去五十年間（即一九五四年、一九七八年、一九八三年、一九八六年、一九九五年）的地理資訊資料，顯示該村附近山地農場與再生林分布的變化，為本計畫提供了基礎資料。

Mattiga Panomtarinichigul 教授，清邁大學的土壤學者，已於二〇一〇年退休。她長期以來一直參與泰國北部山地農作種植的研究，並藉由新作物品種的試驗，以改善山地農業的可能性。在本計畫中，她區別出美弘村五種山區土地利用模式，包括：荔枝園、芒果園、柑橘果園、混合作物農地，以及附近的再生林。Mattiga 及其研究生助理擬定了固定的時間表來做土壤測量，並採集土壤樣品，以瞭解土壤侵蝕的程度，以及探究因化肥、農藥和除草劑的使用，對土壤和附近溪流所造成的物理及化學成分變化。

黃樹民教授，人類學者，本書作者。本研究最初開展時，仍在美國愛荷華州立大學（一九七五—二〇〇五）任教，後轉職至中央研究院（二〇〇六—二〇一五），目前任職於臺灣清華大學人類學研究所。他專注雲南華人帶到美弘村及其附近的新作物品種，以及由於環境條件限制而改變的種植技術。同時探索本土農業知識和山地農作適應的意義，以及這些新耕作制度在當地經濟中的實質利益。

楊慧教授是雲南大學的人類學者，已於二〇一一年退休。她的研究著重在雲南華人跨越國際邊界遷徙並定居美弘村時，女性角色及地位的轉變。她調查女性如何在這個移民社會中扮演歷史記憶和文化傳統守護者的角色，同時也致力於維護家庭的完整和延續。她比較中國和泰國的性別角色，指出兩者在婚姻、家庭和生活意義上有著顯著的差異。

和匠宇先生是一位專業攝影師，也是雲南大學的人類學博士候選人。他關注於一般家庭生活、歲時節日／儀式、生命關鍵儀式（如婚禮、葬禮和畢業典禮）的紀錄。村民們參與這些活動，可展現重要的文化連續性及其轉變。村民參與泰國和中國的節慶儀式時，顯示出他們從一個文化脈絡轉換到另一個文化脈絡的過程。和匠宇拍攝的民族誌影片，往往比文字更能直接傳達豐富的視覺訊息。

段穎先生原是香港中文大學的人類學研究生，之後取得博士學位，任職於廣州中山大學人類學系。他專注於美弘第二、三代華人移民教育的影響，試圖瞭解中國傳統文化價值觀的傳遞，如何影響青少年的民族認同和民族網絡的維續。

大體而言，四位人類學者強調長期田野調查，透過參與觀察深入認識社區活動。他們與村民建立緊密關係，進入家庭訪談或參與社區節慶活動。相對而言，地理學者和土壤學者則進行短期的實地實證考察，獲取清晰而準確的貫時性資料，確定重要的環境趨向或人類學家可能沒意識到的問題領域。

在這個合作計畫之初，不同方法之間的互補互惠關係非常明顯。例如，人類學家可提供信息，讓我們瞭解一般家庭內如何安排各種不同的農地工作，如世代分工、性別分工等，或從報導人的口述歷史中，爬梳出不同耕作方式和果園的背景資料及其轉變，這些是地理學家和土壤科學家通常難以取得的資料。反之，在地理學者和土壤學者提供可靠的實證數據之前，人類學家通常只能臆測山地農作制度的長期影響，尤其是人類活動及其所處環境之間的動態變化。通過這項跨學科的合作研究計畫，我們清楚地領悟到，當我們獲得美弘雲南華人及其村落建立的深入資料時，我們也同樣對其他學科有了新的認識。這種互信互惠的經驗更加提升我們對彼此學科的尊重。

由於本計畫研究團隊的研究人員分屬不同的學科、教研機構、甚至國家，因此我們進入田野的時間並無法完全配合。本計畫並未要求所有參與者必須同時到村裡進行研究。不過，在研究期間，我仍設法讓幾位研究人員盡可能同時出現在村中，如此一來可以直接交換我們各自蒐集的資訊和想法，也有利於直接交流討論。例如，二〇〇二年底，我和Pong-in、楊慧、段穎、和匠宇共十天同時住在村子裡。二〇〇二年夏天，我和楊慧、段穎的行程表約有三個星期的重疊，我們拜訪了整個村落。在此期間，Mattiga也在村中待了幾天，蒐集土壤資料。二〇〇四年夏天，我和

Mattiga、段穎同時在村裡停留的時間約有兩個星期左右。因為土壤和水樣採集有固定的時間表，Mattiga訪問村裡的次數最為頻繁。由於個人因素，來自雲南大學的楊慧與和匠宇，在二〇〇四年後完全退出這個計畫。

第二年，溫納—格倫基金會的補助款允許計畫參與者出席二〇〇四年美國人類學學會的年會。我們組織一個小組專題報告，原訂在舊金山，但後來改在加州大學柏克萊分校。最初，六位參與者都同意參加小組，有五篇報告（由黃樹民、Pong-in、Mattiga、楊慧和段穎分別撰寫）以及一部民族誌影片（由和匠宇拍攝）。然而，由於該年雲南大學的內部因素，楊慧教授與和匠宇先生最後無法參加小組報告。

在清邁美弘村長期從事田野工作，讓我積欠了許多人情債，有些是個人的情誼，有些則是機構或團體的協助，讓我方能順利完成計畫，在此容我一一道來。我在美弘村的主要報導人是黃先生和他的家人。由於我當時在美國愛荷華州立大學仍有教學與行政任務，只能利用寒暑假的時間遠赴美弘村進行田野調查。每當我到達美弘村時，黃先生和他的家人總是敞開雙臂歡迎我，讓我住在他工廠的宿舍。在許多深夜小酌中，黃先生告訴我美弘村的歷史發展和一些特殊事件，耐心回答我好似無窮無盡的問題，讓我得以發展出撰寫本書的大綱。我的另一位報導人劉先生，也同樣待我如同家人。我經常搭著他那輛歷經滄桑的豐田牌小卡車，到他山上的果園巡視，這是我最感興趣且最具靈感啟發的時刻，讓我學到許多關於本地的動、植物與人群的知識。此外，從李先生那裡，我得知在文化大革命時，逃離中國的年輕人所承受的苦難和未竟之夢。其他的村人，如彭先生、楊先生（前中文學校的校長）、段先生及其家人等，在我住在村內時，都熱情地招待我，讓我感激不盡，銘記在心。

諸多學者對我在泰北的田野調查或知識擴張，都至關重要。楊慧教授為我和其他幾位研究者開啟了研究大門，讓我們得以順利地被美弘村民接納。若無她的引見，我們都會面臨進入門檻難以跨越的困難。清邁大學的 Mattiga Panomtarinichagul 教授是位土壤學者，每當我到清邁時，她都會擔任周到的地主，安排我的住宿，引領我參觀她在各地的實驗農場。看她在山上辛苦彎腰採集土壤標本時，讓我瞭解到人類學與其他生物科學的相似性。段穎原是香港中文大學的研究生，在美弘做田野調查時，我們共用工廠宿舍的一間寢室，這讓我們有機會聊天到很晚。另一位泰國學者 Pong-in Rakariyatham 教授，是位地理學者，其後也擔任清邁大學副校長。由於他公務繁忙，較少能到村子來。不過只要他有空，就會和我們見面，有時在清邁，有時在美弘，瞭解研究的進展。

本書得以出版，最需要感謝的是我長久以來的研究伙伴劉紹華。她在中央研究院民族學研究所的工作負擔與壓力都很大。除了她自己持續不斷、層出不窮的研究計畫、論文發表、學術服務等工作外，還不時提供我這本專書的最新信息、研究論文。並在我終於投入中文版的改寫工作時，提供我改寫建議。並介紹莊瑞琳總編輯、盧意寧副主編與我認識。此書能問世，也要歸功於紹華的建議與協助。

我在泰北的研究計畫，主要來自於美國長期資助人類學發展的溫納—格倫基金會。在其國際合作研究項目下，提供我兩年度的研究經費（二〇〇二—二〇〇三及二〇〇四—二〇〇五），成為本計畫的主要經費來源。我尤其感謝基金會執行長Richard Fox教授和國際合作研究項目主持人Pamela Smith女士的慷慨協助。本計畫二〇〇三—二〇〇四年度的研究經費，還包括美國愛荷華州立大學的跨年度預算。由於這些機構的及時經費挹注，才能使本計畫順利完成，這都令我銘感五內。

Wright, P. C. 1993. Ranomafana National Park, Madagascar: Rainforest Conservation and Economic Development. Paper prepared for Liz Claiborne-Art Ortenberg Foundation Community-Based Conservation Workshop, Arlie, Virginia.

Wyatt, David K. 1982. *Thailand: A Short History*. New Haven and London: Yale University Press.

Yan, Yunxiang. 1996. *The Flow of Gifts: Reciprocity and Social Network in a Chinese Village*. Stanford: Stanford University Press.

Yeoh, Brenda S.A., Michael W. Charney, and Tong Chee Kiong. 2003. Eds. *Approaching Transnationalisms: Studies on Transnational Societies, Multicultural Contacts, and Imaginings of Home*. Boston, Dordrecht, and London: Kluwer Academia Publishers.

Young, Anthony. 1998. *Land Resources: Now and for the Future*. Cambridge: University Press.

Young, Gordon. 1962. The Hill Tribes of Northern Thailand (A Socio-Ethnological Report). New York: AMS Press.

Watson, James. 1983. Standardizing the Gods: The Promotions of T'ien Hou ('Empress of Heaven') along the South China Coast, 960-1960. In *Popular Culture in Late Imperial China*, eds. D. Johnson, A. Nathan, and E. Rawski. Berkeley & London: University of California Press.

Watson, James. 1988. The Structure of Chinese Funerary Rites: Elementary Forms, Ritual Sequence, and the Primacy of Performance. In *Death Ritual in Later Imperial and Modern China*, eds. J. L. Watson and E. S. Rawski. Berkeley, Los Angeles, and London: University of California Press.

Weiner, Myron. 1993. *International Migration and Security*. Boulder, San Francisco, and Oxford: Westview Press.

Weller, Robert. 1985. *Unities and Diversities in Chinese Religion*. London: Macmillan.

Wolf, Arthur P. 1969. Chinese Kinship and Mourning Dress. In *Family and Kinship in Chinese Society*, ed. M. Freedman. Stanford: Stanford University Press.

Wolf, Arthur P. 1974. Gods, Ghosts, and Ancestors. In *Religion and Ritual in Chinese Society*, ed. A.P. Wolf. Stanford: Stanford University Press.

Wolf, Arthur P. 1985. Chinese Family Size: A Myth Revitalized. In *The Chinese Family and Its Ritual Behavior*, eds. Hsieh and Chuang. Taipei: Institute of Ethnology, Academia Sinica Publications.

Wolf, Margery. 1972. *Women and the Family in Rural Taiwan*. Stanford: Stanford University Press.

Wolf, Margery. 1978. *The House of Lim: A Study of A Chinese Farm Family*. Taipei: Caves Books.

Wolf, Margery. 1985. *Revolution Postponed: Women in Contemporary China*. Stanford: Stanford University Press.

Szonyi, M. 1997. The Illusion of Standardizing the Gods: The Cult of the Five Emperors in Late Imperial China. *The Journal of Asian Studies* 56: 113-135.

Tam, Siumi Maria. 2006. Engendering Minnan Mobility: Women Sojourner in a Patriarchal World. In *Southern Fujian: Reproduction of Traditions in Post-Mao China*, ed. Tan Chee-Beng. Hong Kong: The Chinese University Press.

Thongchai, Winichakul. 1992. *Siam Mapped: A History of the Geo-Body of a Nation*. Honolulu: University of Hawai'i Press.

Tu, Wei-ming. 1994. Ed. *Living Tree: The Changing Meaning of Being Chinese Today*. Stanford: Stanford University Press.

Turner, Victor W. 1969. *The Ritual Process: Structure and Anti-Structure*. Chicago: Aldine Publishing Co.

Van Esterik, Penny. 2000. *Materializing Thailand*. Oxford and New York: Berg Publications.

Van Gennep, Arnold. 1960. *The Rites of Passage*. Translated by M. B. Vizedom and G. L. Caffee. Chicago: University of Chicago Press.

Van Hear, Nicholas. 1998. *New Diasporas: The Mass Exodus, Dispersal and Regrouping of Migrant Communities*. Seattle: University of Washington Press.

Walker, Andrew. 1999. *The Legend of the Golden Boat: Regulation, Trade and Traders in the Borderlands of Laos, Thailand, China and Burma*. Surrey, Great Britain: Curzon Press.

Wang, Gungwu. 1996. Sojourning: The Chinese Experience in Southeast Asia. In *Sojourners and Settlers: Histories of Southeast Asian and the Chinese*, ed. Anthony Reid, 1-15. St. Leonards, Australia: Allen & Unwin.

London: Routledge.

Scott, James C. 1998. *Seeing Like A State: How Certain Schemes to Improve the Human Condition Have Failed.* New Haven: Yale University Press.

Sheffer, Garbriel. 1986. *Modern Diaspora in International Politics.* London & Sydney: Croom Helm.

Sheffer, Garbriel.1993. Ethnic Diasporas: A Threat to Their Hosts? In *International Migration and Security*, ed. Myron Weiner. Boulder, San Francisco, and Oxford: Westview Press.

Shigetomi, Shin'ichi. 1992. From "Loosely" to "Tightly" Structured Social Organizations: The Changing Aspects of Cooperation and Village Community in Rural Thailand. *The Developing Economies*, 32: 154-178. Chiba, Japan: Developing Institute of Economies.

Skinner, G. William. 1957. *Chinese Society in Thailand: An Analytical History.* Ithaca, N.Y.: Cornell University Press.

Skinner, G. William. 1996. Creolized Chinese Societies in Southeast Asia. In *Sojourners and Settlers: Histories of Southeast Asian and the Chinese*, ed. Anthony Reid, 51-94. St. Leonards, Australia: Allen & Unwin.

Solow, Robert. 1992. *An Almost Practical Step Toward Sustainability.* Washington, D.C.: Resources for the Future Publications.

Stacey, Judith. 1983. *Patriarchy and Socialist Revolution in China.* Berkeley, Los Angeles, and London: University of California Press.

Stubbs, Paul. 1999. Virtual Diasporas? Imagining Croatia On-line. *Sociological Research Online*, vol. 4, no. 2. http://www.socresonLine.or.uk/socresonLine/4/2/stubbs.html.

Sturgeon, Janet C. 2005. *Border Landscapes: The Politics of Akha Land Use in China and Thailand.* Seattle and London: University of Washington Press.

Australia: Allen & Unwin.

Renard, Ronald. 1996. *The Burmese Connection: Illegal Drugs and the Making of the Golden Triangle*. Boulder and London: Lynne Rienner Publishers.

Rerkasem, Kanok., Benjavan Rerkasem, Mingsarn Kaosa-ard, Chaiwat Roongruangsee, Sitanon Jesdapipat, Benchaphun Shinawatra, and Pornpen Wijukprasert. 1994. *Assessment of Sustainable Highland Agricultural Systems*. Bangkok, Thailand: Thailand Development Research Institute Foundation.

Reynolds, Craig J. 1996. Tycoons and Warlords: Modern Thai Social Formations and Chinese Historical Romance. In *Sojourners and Settlers: Histories of Southeast Asian and the Chinese*, ed. Anthony Reid, 115-147. St. Leonards, Australia: Allen & Unwin.

Roling, N.G., and M.A.E. Wagemakers. 2000. *Facilitating Sustainable Agriculture: Participatory Learning and Adaptative Management in times of Environmental Uncertainty*. Cambridge, England: Cambridge University Press.

Salaff, Janet. 1975. *Working Daughters of Hong Kong: Female Filial Piety or a Transformation in the Family Power*. Toronto: University of Toronto Press.

Santasombat, Yos. 2003. *Biodiversity, Local Knowledge, and Sustainable Development*. Chiang Mai: Regional Center for Social Science and Sustainable Development.

Sarna, Jonathan D. 1999. *American Jewish Political Conservatism in Historical Perspective*. American Jewish History 87: 113-122.

Sassen, Saskia. 1996. *Losing Contral? Sovereignty in An Age of Globalization*. New York: Columbia University Press.

Sassen, Saskia. 2007. Introduction: Deciphering the Global. In *Deciphering the Global: Its Scales, Spaces and Subjects*, ed. Saskia Sassen. New York &

Chinese Land-use Practices for Sustainable Hill Farming in Northern Thailand. *Taiwan Journal of Anthropology* 5: 123-147.

Panomtarinichigul, M., C. Sukkasem, S. Peukrai, M Fullen, T. Hocking, and D. Mitchell. 2000. Comparative Evaluation of Cultural Practices to Conserve Soil and Water on the Highland Slope in Northern Thailand: Multidisciplinary Approaches to Soil Conservation Strategies. *Proceedings of International Symposium ESSC, DBG, ZALF*. Muncheberg, Germany.

Parrenas, Rhacel S., & Lok C.D. Siu. 2007. Eds. *Asian Diasporas: New Formations, New Conceptions*. Stanford: Stanford University Press.

Pieterse, Jan N. 2001. *Development Theory: Deconstruction/Reconstruction*. London: Sage Publications.

Pongsapich, Amara. 1995. Chinese Settlers and Their Role in Modern Thailand. In *The Ethnic Chinese of Thailand*, eds. Chan and Tong, 23: 13-28. A special issue of *Southeast Asian Journal of Social Science.*

Purcell, Victor. 1951. *The Chinese in Southeast Asia*. London, Kuala Lumpur and Hong Kong: Oxford University Press.

Rakariyatham, Pong-in. 2004. Land Use and Land Cover Change in Ban Mai Nong Bua and Its Vicinity, Northern Thailand. Paper presented at the annual meeting of the American Anthropological Association, November 18, 2004, in San Francisco.

Reed, Richard K. 1990. Cultivating the Tropical Forest. In *Conformity and Conflict: Readings in Cultural Anthropology*, eds. J. P. Spradley and D.W. McCurdy. New York: Harper Collins.

Reid, Anthony. 1996. Flows and Seepages in the Long-term Chinese Interaction in Southeast Asia. In *Sojourners and Settlers: Histories of Southeast Asian and the Chinese*, ed. Anthony Reid, 16-35. St. Leonards,

Mountain Village in Northern Thailand. *Human Organization* 60: 80-94.

Li, Yi-yuan. 1985. On Conflicting Interpretations of Chinese Family Rituals. In *The Chinese Family and Its Ritual Behavior*, eds. Hsieh and Chuang. Taipei: Institute of Ethnology, Academia Sinica Publications.

Lin, Nan. 2000. *Social Capital: A Theory of Social Structure and Action*. Cambridge and New York: Cambridge University Press.

Maxwell-Hill, Ann. 1983. The Yunnanese: Overland Chinese in Northern Thailand. In *Highlanders of Thailand*, eds. John McKinnon and Wanat Bhruksasri, 123-133. Oxford: Oxford University Press.

Maxwell-Hill, Ann. 1998. *Merchants and Migrants: Ethnicity and Trade among Yunnanese Chinese in Southeast Asia*. New Haven: Yale University Southeast Asia Studies, Monograph 47.

McCoy, Alfred W. 1972. *The Politics of Heroin in Southeast Asia*. With Cathleen B. Read and Leonard P. Adams II. New York: Harper & Row.

Mote, F. W. 1967. The Rural "Haw" (Yunnanese Chinese) of Northern Thailand. In *Southeast Asian Tribes, Minorities, and Nations*, ed. Peter Kunstadter, 487-524. Princeton, N.J.: Princeton University Press.

Nee, Victor. 1983. Chinese Peasant Familism. In *Chinese Rural Development: The Great Transformatio*n, ed. William Parish. Armonk, N.Y.: M.E. Sharpe.

Ong, Aihwa. 1999. *Flexible Citizens: the Cultural Logics of Transnationality*. Durham & London: Duke University Press.

Ongprasert, S., and F. Turkelboom. 1997. 20 Years of Alley Cropping Research and Extension in the Slopes of Northern Thailand. Handout paper for the Training Course on Sustainable Highland Agriculture Development. Faculty of Agriculture, Chiang Mai University.

Panomtarinichigul, M., and Shu-min Huang. 2007. Implications of Yunnan

Johnson, Kay J. 1983. *Women, the Family, and Peasant Revolution in China.* Chicago: University of Chicago Press.

Keyes, Charles. 1987. *Thailand: Buddhist Kingdom as Modern Nation-State.* Boulder and London: Westview Press.

Kleinman, Arthur, Veena Das, and Margaret Lock. 1996. Introduction. In *Social Suffering*, eds. Kleinman, Arthur, Veena Das, and Margaret Lock. Berkeley, Los Angeles, and London: University of California Press.

Knox, M. L. 1989. *Nation an Island.* Sierra, May/June, 78-84.

Kung, Lydia. 1983. *Factory Women in Taiwan.* Ann Arbor, Mich: UMI Research Press.

Kunstadter, Peter. 1983. Highland Populations in Northern Thailand. In *Highlanders of Thailand*, eds. John McKinnon and Wanat Bhruksasri, 15-45. Oxford: Oxford University Press.

LeBar, Frank M., Gerald C. Hickey, and John Musgrave. 1964. *Ethnic Groups of Mainland Southeast Asia.* New Haven: Human Relations Area Files Press.

Levin, Simon A. 1992. *The Problem of Pattern and Scale in Ecology: The Robert H. MacArthur Award Lecture.* Ecology 73: 1943-1967.

Lewellen, Ted. C. 2000. *Anthropology of Globalization: Cultural Anthropology Enters the 21st Century.* Westport, Connecticut & London: Bergin & Garvey.

Lewis, Paul, and Elaine Lewis. 1984. *People of the Golden Triangle: Six Tribes in Thailand.* London: Thames & Hudson, Ltd.

Li, Jian. 2001a. Cogon-thatched Cottages and Iron Sheet-roofed Houses: Development in a Yao Mountain Village in Northern Thailand. *Culture and Agriculture* 23: 24-40.

Li, Jian. 2001b. Development and Tribal Agricultural Economy in a Yao

Helmore, Kristin, and Naresh Singh. 2001. *Sustainable Livelihood: Building on the Wealth of the Poor*. Bloomfield, CT: Kumarian Press.

Horstmann, Alexander, and Reed L. Wadley. 2006. *Centering the Margin: Agency and Narrative in Southeast Asian Borderlands*. New York & Oxford: Berghahn Books.

Hsieh, Jih-chang. 1985. Meal Rotation. In *The Chinese Family and Its Ritual Behavior*, eds. Hsieh and Chuang. Taipei: Institute of Ethnology, Academia Sinica Publications.

Huang, Shu-min. 1991. Re-examining the Ideal, Extended Family in Chinese Peasant Society: Evidence from a Fujian Village. *The Australian Journal of Chinese Affairs* 27: 25-38.

Huang, Shu-min. 2001. Economic Culture and Moral Assumptions in a Chinese Village in Fujian. *Asian Anthropology* 1: 59-86.

Huang, Shu-min. 2006. A Chinese Diasporic Community in Northern Thailand: Contested Political Loyalty and Shifting Ethnicity. In *Chinese Transnational Networks*, ed. C.B. Tan. London: Routledge Publications.

Husband, Charles. 1998. Globalization, Media Infrastructure and Identities in a Diasporic Community. *The Public* 5: 19-33.

Ikerd, John E. 1992. Sustainable Agriculture, A Matter of People. *Issues in Sustainable Agriculture*. Center for Sustainable Agricultural Systems, University of Missouri, Columbia.

Ilcan, Susan. 2002. *Longing in Belonging: The Cultural Politics of Settlement*. Westport, Connecticut and London: Praeger Publications.

Inda, Johathan Xaview, and Renato Rosaldo. 2002. Introduction: A World in Motion. In *The Anthropology of Globalization: A Reader*, eds. Inda and Rosaldo. Malden, Ma., and Oxford, U.K.: Blackwell Publishers.

Futures, eds. S. Hall, D. Held and T. McGrew. Cambridge, U.K.: Polity.

Hall, Stuart. 1996. Introduction: Who Needs 'Identity'? In *Questions of Cultural Identity*, eds. S. Hall and P. D. Gay. London, Thousand Oaks, and New Delhi: SAGE Publications.

Han, Ju Hui Judy. 2005. Missionary Destination and Diasporic Destiny: Spatiality of Korean/American Evangelism and the Cell Church. Institute for the Study of Social Change, University of California, Berkeley, Working Papers.

Hansen, Art. 1994. The Illusion of Local Sustainability and Self-Sufficiency: Famine in a Border Area of Northwestern Zambia. *Human Organization* 53: 11-20.

Harper, Janice. 2002. *Endangered Species: Health, Illness and Death Among Madagascar's People of the Forest*. Durham, North Carolina: Carolina Academic Press.

Harrell, Stevan. 1985. Why Do the Chinese Work So Hard? Reflections on an Entrepreneurial Ethic. *Modern China* 11: 203-226.

Harrell, Stevan. 1999. The Role of the Periphery in Chinese Nationalism. In *Imagining China: Regional Division and National Unity*, eds. S. Huang & C. Hsu. Taipei: Institute of Ethnology, Academia.

Hatfield, Jerry, and Dennis Keeney. 1994. Challenges for the 21st Century. In *Sustainable Agriculture Systems*, eds. J. L. Hatfield and D. L. Karlen. Boca Raton: Lewis Publishers.

Heidhues, Mary Somers. 1996. Chinese Settlements in Rural Southeast Asia: Unwritten Histories. In *Sojourners and Settlers: Histories of Southeast Asian and the Chinese*, ed. Anthony Reid, 164-182. St. Leonards, Australia: Allen & Unwin.

Cooper and R. Packard. Berkeley: University of California Press.

Feuchtwang, Stephan. 1992. *The Imperial Metaphor: Popular Religion in China*. London and New York: Routledge.

Forbes, Andrew, and David Henley. 1997. *The Haw: Traders of the Golden Triangle*. Bangkok, Thailand: Amarin Printing and PubLishing Company.

Fox, Jefferson. 2001. Land Use and Land Cover Change in Montane Mainland Southeast Asia. In *Land Use and Cover Change*, eds. R. B. Singh, J. Fox, and Y. Himiyana. Enfield: Science Publishers, Inc.

Francis, Charles. 1990. Sustainable Agriculture: Myths and Realities. *Journal of Sustainable Agriculture* 1: 97-106.

Fricker, Alan. 1998. Measuring Up to Sustainability. *Futures* 30: 367-375.

Geddes, W. R. 1976. *Migrants of the Mountains: The Cultural Ecology of the Blue Miao (Hmong Njua) of Thailand*. Oxford: Clarendon Press.

Geddes, W. R. 1983. Research and the Tribal Research Centre. In *Highlanders of Thailand*, eds. John McKinnon and Wanat Bhruksasri, 3-12. Oxford: Oxford University Press.

Geertz, Clifford. 1963. *Agricultural Involution*. Berkeley: University of California Press.

Geertz, Clifford. 1966. Religion as a Cultural System. In *Anthropological Approaches to the Study of Religion*, ed. M. Banton. London: Tavistock Publications.

Giddens, Anthony. 1991. *Modernity and Self-Identity: Self and Society in the Late Modern Age*. Oxford, U.K.: Polity Press.

Gold, Mary. 1999. *Sustainable Agriculture: Definitions and Terms*. Baltimore: U.S. Department of Agriculture.

Hall, Stuart. 1992. Question of Cultural Identity. In *Modernity and Its*

Anthropology of Development and Globalization. In *The Anthropology of Development: From Classical Political Economy to Contemporary Neoliberalism*, eds. Edelman and Haugerud. Malden, MA., Oxford, U.K., and Carlton, Victoria, Australia: Blackwell Publishing.

Elvin, Mark. 1977. *The Pattern of the Chinese Past*. Stanford: Stanford University Press.

Embree, John. 1969. Thailand-A Loosely Structured Social System. In *Loosely Structured Social Systems: Thailand in Comparative Perspective*, ed. Hans-Dieter Evers. New Haven: Yale University Southeast Asia Studies, Cultural Report Series No. 17.

Escobar, Arturo. 1994. *Encountering Development: the Making and Unmaking of the Third World*. Princeton, N.J.: Princeton University Press.

Esman, Milton. 1986. The Chinese Diaspora in Southeast Asia. In *Modern Diaspora in International Politics*, ed. Gabriel Sheffer. London & Sydney: Croom Helm.

Feingold, David. 2000. The Hell of Good Intentions: Some Preliminary Thoughts on Opium in the Political Ecology of the Trade in Girls and Women. In *When China Meets Southeast Asia: Social and Cultural Change in the Border Regions*, eds. G. Evans, C. Hutton, and K.K. Eng. New York: St. Martin's Press.

Ferguson, James. 1994a. *The Anti-Politics Machine: "Development," Depolitization, and Bureaucratic Power in Lesotho*. Minneapolis: University of Minnesota Press.

Ferguson, James. 1994b. Anthropology and Its Evil Twin: "Development" in the Constitution of a Discipline. In *International Development and the Social Sciences: Essays on the History and Politics of Knowledge*, eds. F.

123-146.

Chang, Wen-chin. 2005. Invisible Warriors: The Migrant Yunnanese Women in Northern Thailand. *KOLOR: Journal on Moving Communities* 5: 49-70.

Chuang, Ying-chang. 1985. Family Structure and Reproductive Patterns in a Taiwanese Fishing Village. In *The Chinese Family and Its Ritual Behavior*, eds. Hsieh and Chuang Taipei: Institute of Ethnology, Academia Sinica Publications.

Cohen, Myron. 1976. *House United, House Divided: The Chinese Family in Taiwan*. New York: Columbia University Press.

Coughlin, Richard. 1960. *Double Identity: The Chinese in Modern Thailand*. Hong Kong & Oxford: Hong Kong University Press.

Cowell, Adrian. 2005. Opium Anarchy in the Shan State of Burma. In *Trouble in the Triangle: Opium and Conflict in Burma*, eds. Martin Jelsma, Tom Kramer, and Pietje Vervest. Chiang Mai, Thailand: Silkworm Books.

Croll, Elisabeth. 1983. *Chinese Women Since Mao*. London: Zed Books.

De Bary, William. 1988. *East Asian Civilizations: A Dialogue in Five Stages*. Cambridge: Harvard University Press.

Demmers, Jolle. 2007. Wars and diasporas: suggestions for research and policy. *Journal of Peace Conflict & Development Issue* 11: 1-26.

Ding, Yuling. 2005. Economic Activities and the Construction of Gender Status among the Xunpu Women in Fujian. In *Southern Fujian: Reproduction of Traditions in Post-Mao China*, ed. Tan Chee-Beng. Hong Kong: The Chinese University Press.

Duara, Prasenjit. 1990. *Culture, Power and the State: Rural North China, 1900-1942*. Stanford: Stanford University Press.

Edelman, Marc, and Angelique Haugerud. 2004. Introduction: The

Chan and Tong, 23: 57-77. A special issue of *Southeast Asian Journal of Social Science.*

Bao, Jiemin. 2005. *Marital Acts: Gender, Sexuality, and Identity among the Chinese Thai Diaspora.* Honolulu: University of Hawaii Press.

Bates, D. G. 2001. *Human Adaptative Strategies: Ecology, Culture, and Politics.* Boston: Allyn and Bacon.

Casey, Edward S. 1996. How to Get from Space to Place in a Fairly Short Stretch of Time: Phenomenological Prolegomena. In *Senses of Place*, eds. S. Feld and K. H. Basso. Santa Fe, New Mexico: School of American Research Press.

Chamratrithirong, Aphichat. 1984. Loosely-structured Thailand: the evidence from marriage culture. In *Perspectives on the Thai Marriage*, ed. Aphichat

Chamratrithirong, Bangkok: Institute for Population and Social Research, Mahidol University Publications.

Chan Kwok Bun and Tong Chee Kiong. 1993. Rethinking Assimilation and Ethnicity: The Chinese in Thailand. *International Migration Review* 27: 140-168.

Chan Kwok Bun and Tong Chee Kiong. 1995. Modeling Culture Contact and Chinese Ethnicity in Thailand. In *The Ethnic Chinese of Thailand*, eds. Chan and Tong, 23: 1-12 A special issue of *Southeast Asian Journal of Social Science.*

Chang, Wen-chin. 2001. From War Refugees to Immigrants: The Case of the KMT Yunnanese Chinese in Northern Thailand. *International Migration Review* 35: 1086-1105.

Chang, Wen-chin. 2002. Identification of Leadership among the KMT Yunnanese in Northern Thailand. *Journal of Southeast Asian Studies* 33:

參考書目

李亦園，1986，〈中國家族及其儀式：若干觀念的檢討〉。《中央研究院民族學研究所集刊》59：47-61。

李亦園，1996，《人類的視野》。上海：上海文藝出版社。

柏楊（鄧克保），1961，《異域》。臺北：平原出版社。

柏楊（鄧克保），1982，《金三角・邊區・荒域》。臺北：時報出版。

連瑞枝，〈姓氏與祖先：雲南洱海地區社會階序的形成〉。《歷史人類學》4：1-36。

劉翠溶，1992，《明清時期家族人口與社會經濟變遷》。臺北：中央研究院經濟研究所。

鄧賢，2000，《流浪金三角》。北京：人民文學出版社。

謝世忠，1997，〈國族—國家的建構、範疇、與質變：中華民國陸軍第九十三師的雲南緬泰臺灣半世紀〉。《考古人類學刊》52：43-68。

Anderson, Edward. 1993. *Plants and People of the Golden Triangle: Ethnobotany of the Hill Tribes of Northern Thailand*. Portland, Oregon: Dioscorides Press.

Appadurai, Arjun. 1996. *Modernity at Large: Cultural Dimensions of Globalization*. MinneapoLis & London: University of Minnesota Press.

Auansakul, Panee. 1995. Chinese Traders and Thai Groups in the Rice Business. In *The Ethnic Chinese of Thailand*, eds. Chan and Tong, 23: 29-42. A special issue of *Southeast Asian Journal of Social Science*.

Bao, Jiemin. 1995. Sino-Thai Ethnic Identity: Married Daughters of China, and Daughters-in-law of Thailand. In *The Ethnic Chinese of Thailand*, eds.

春山之聲
030

借土養命：

從雲南到金三角，從毒品到永續農業，一個泰北華人社區的民族誌

作　　者　黃樹民
總 編 輯　莊瑞琳
責任編輯　盧意寧
行銷企畫　甘彩蓉
美術設計　徐睿紳
內文排版　丸同連合Un-Toned Studio
地　　址　11670臺北市文山區羅斯福路六段297號10樓
電　　話　02-29318171
傳　　真　02-86638233

總 經 銷　時報文化出版企業股份有限公司
地　　址　33343桃園市龜山區萬壽路二段351號
電　　話　02-23066842

製　　版　瑞豐電腦製版印刷股份有限公司
初版一刷　2021年11月

定　　價　360元

國家圖書館預行編目資料

借地養命：從雲南到金三角，從毒品到永續農業，一個泰北華人社區的民族誌／黃樹民作－初版－臺北市：春山出版有限公司，2021.11
面；　公分－（春山之聲；30）

ISBN 978-626-95242-2-8(平裝)

1.中華民族 2.民族志 3.永續農業 4.泰國
536.2　　　110017224

春山出版
Email　SpringHillPublishing@gmail.com
Facebook　www.facebook.com/springhillpublishing/

填寫本書線上回函

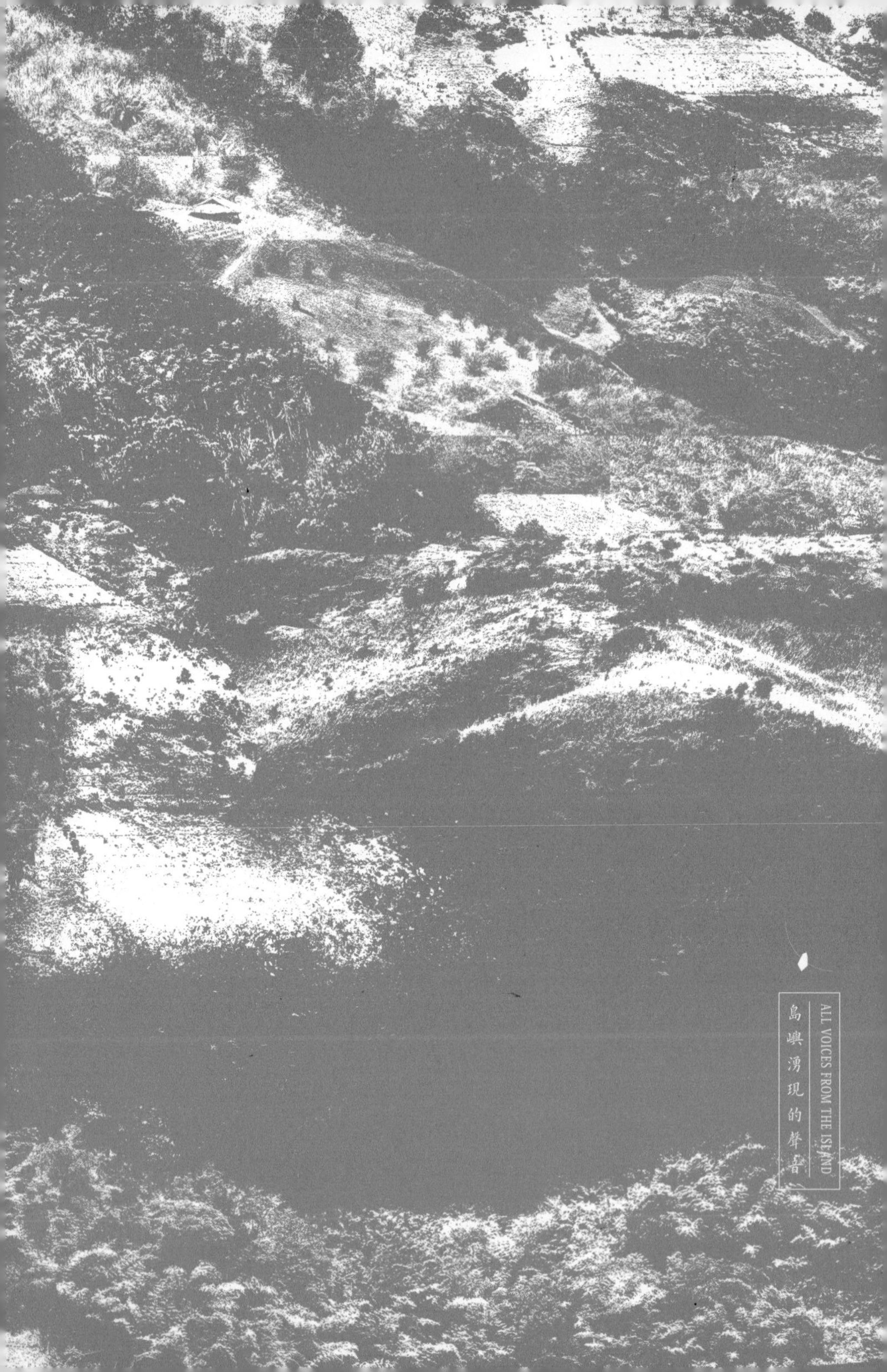
島嶼湧現的聲音
ALL VOICES FROM THE ISLAND